B I B I A N A   B E H R E N D T

GRAPPA LEXIKON

H Ä D E C K E

IMPRESSUM

Die im Buch veröffentlichten Bilder wurden uns freundlicherweise von den vorgestellten Weingütern, Destillerien und Institutionen zur Verfügung gestellt.

Abbildung S. 150/151, 165: Chris Meier, BFF, Stuttgart

Titelbild: Chris Meier, BFF, Stuttgart

Buchgestaltung & Satz: Julia Graff, nett+artig, Düsseldorf

Reproduktionen: LUP AG, Hürth

Gesamtherstellung: Graphicom, Vicenza

Printed in Italy 2004

ISBN 3-7750-0399-1

INHALT

S Y M B O L E

 = DESTILLERIE/BRENNEREI

 = REGION

?! = ERLÄUTERUNG/HINWEIS

 = REBSORTE

VORWORT

Die Geschichte vom unaufhaltsamen Aufstieg der Grappa und ihrer Verwandlung vom Bauernschnaps zur Edelspirituose wurde in zahlreichen Spirituosen-Fachbüchern schon ausführlich beschrieben – auch im Buch »Grappa« von Bibiana Behrendt –, so dass sie im vorliegenden Buch nicht nochmals ausgebreitet werden muss. Das neue »Grappa-Lexikon« widmet sich vielmehr der praktischen Seite des Grappagenusses, z.B. den Fragen »Welche Grappa bekomme ich wo?«, »Welche Brennerei hat Spezialitäten, die man kennen lernen sollte?«. Aber auch touristische Fragen nach der Lage der Destillerie (hier hilft die in Italien gebräuchliche Angabe der Provinz beim Ortsnamen), nach Übernachtungsmöglichkeiten (Agriturismo, besonders hilfreich nach Grappaverkostungen) werden beantwortet wie auch die Frage, ob die Trester aus biologischem Weinbau stammen. Insgesamt werden über 400 Hersteller mit ihren Adressen vorgestellt, darunter große Namen, aber auch viele noch wenig bekannte Grappabrenner, deren Besuch manchmal besonders lohnt, weil man dort interessante Raritäten entdecken kann. Darüber hinaus findet der Grappafreund – oder der es werden will – Stichworte zur Grappa-Herstellung von »Abfüllung« bis »Zweifache Destillation«, kurze Beschreibungen aller Grappa-Regionen von den »Abruzzen« bis »Venetien«, einschließlich des Tessins, Vorstellungen der Rebsorten von »Aglianico« bis »Viognier« und zuguterletzt Hinweise auf gut sortierte Geschäfte, in denen man all die Köstlichkeiten erstehen kann und gute Beratung findet. Das Buch soll ein praktischer Ratgeber sein – nicht zu groß, damit man es auf die Reise mitnehmen kann, aber umfangreich genug, um alles Wissenswerte über dieses vielseitige und spannende Getränk nachschlagen zu können. Wir hoffen, dass dies gelungen ist, und wünschen den Leserinnen und Lesern viele neue Anregungen und genussvolle Neuentdeckungen!

Autorin, Redaktion und Verlag im Sommer 2004

ABFÜLLUNG

Die Abfüllung von Grappa in Flaschen darf vom Hersteller, einem Abfüllbetrieb, einem Importeur oder auch erst beim Verkauf an den Endverbraucher vorgenommen werden. Dabei ist seit 1993 vorgeschrieben, dass spätestens vom ersten im Inland niedergelassenen Verkäufer das Los angegeben wird, aus dem diese Grappa stammt. Dabei umfasst das Los die Gesamtheit aller Verkaufseinheiten einer Grappa, die unter den gleichen Bedingungen hergestellt oder abgefüllt wurden. Die Losnummer befindet sich auf dem Etikett oder der Banderole und besteht aus einer Buchstaben-Kombination, einer Ziffern-Kombination oder einer Buchstaben-Ziffern-Kombination. Sie muss zusätzlich mit dem Buchstaben L beginnen, wenn sie sich nicht deutlich genug von anderen Kennzeichnungselementen unterscheidet. Der zugehörige Hinweis auf den Abfüller findet sich auf dem > Etikett *(imbottigliato)*. Dort können Informationen zu den einzelnen Losen unter Angabe der Losnummer angefordert werden.

ABRUZZEN

Mittelitalienische Weinbauregion mit gebirgigem Anteil und langem Küstenstreifen am adriatischen Meer, die sich südlich an die Marken anschließt. Mengenmäßig stehen die Abruzzen an siebter Stelle der italienischen Anbaugebiete. Es wird etwa soviel Wein wie im > Piemont erzeugt, allerdings nur in weit geringerem Maße Qualitätswein. Wichtigste Rebsorten sind der rote > Montepulciano d'Abruzzo und der weiße > Trebbiano d'Abruzzo. Die Grappa-Tradition ist lang, genaue Daten verlieren sich aber im Dunkel, in dem illegale Destillerien in abgelegenen Tälern betrieben wurden. Heute bieten zahlreiche Winzer der Region offiziell gebrannte und qualitätskontrollierte Tresterbrände an.

ABSTICH

Kellertechnisches Verfahren, mit dem geklärter Wein mehrfach durch Umpumpen vom Bodensatz getrennt wird. Für die Grappa-Erzeugung ist nur der erste Abstich von Bedeutung, bei dem der voll vergorene Rotwein von den

^ Die Abruzzen.

Trestern getrennt wird. Die zurückbleibenden Trester wurden mit dem Wein vergoren und müssen nun schnellstmöglich zur Destillation gebracht werden, um saubere Brände zu ergeben. Der Bodensatz aller weiteren Abstiche wird zu Geläger- oder Hefebrand destilliert.

ACETOBACTER

>Aromafehler

ACQUAVITE D'UVA, DESTILLATO D'UVA

Traubenbrand oder Obstbrand aus ganzen Trauben.
Im Unterschied zu Grappa ein geschmacklich meist leichteres Destillat nicht aus Trestern, sondern aus ganzen vergorenen Trauben.

ACQUAVITE DI VINACCIA

Italienischer Oberbegriff für Tresterdestillat. Stammt das Acquavite di vinaccia aus Italien oder dem schweizerischen Tessin, darf es nach EU-Recht als Grappa bezeichnet werden >Schweizer Grappa.

AGLIANICO

Rotweinsorte, die zu den edelsten Sorten Süditaliens gehört. Sie wurde vermutlich in der Antike von griechischen Einwanderern eingeführt und wird deshalb auch Vitis Hellenica genannt. In Kampanien erzeugt man daraus beispielsweise den Qualitätswein Taurasi DOCG, in der angrenzenden Basilikata wird am Monte Vulture der Aglianico del Vulture DOC und der Cannetto IGT gekeltert.
Meiner Erfahrung nach besitzen reinsortige Grappe aus Aglianico einen Grundton von reifer Frucht mit zart floralen Noten und sind weinig und mild.
>Rebsorten, D'Angelo.

AIA DELLA MACINA

>Baroncini

AIOLA

FATTORIA DELL'AIOLA
53010 VAGLIAGLI (SI)
TEL. 0577/322615
Toskanisches Weingut im Chianti-Classico-Gebiet, das zu den bekanntesten der Region gehört. Die Grappe werden nach traditioneller Art im Dampf-Brennkessel destilliert. Die Grappa Vecchia Riserva wird zusätzlich über ein Jahr im Holzfass gelagert und in eine elegante Designflasche abgefüllt.

AKTIVKOHLE

> Reinigung.

^ Das Anwesen der Weinguts-Destillerie Aiola in Vagliagli.

AL GRANATIERE

Loc. Scriò, 16
34070 Dolegna, del Collio (GO)
Tel. 0481/639982
Im Herzen des Collio-Gebiets in Friaul liegt dieses Gut, in dem nach Bio-Methoden Wein angebaut wird.

ALAMBIC

Eine der Bezeichnungen für den traditionellen Destillierapparat, der im Wesentlichen aus einer Kupferbrennblase mit Helm und Kühler besteht. Das Wort leitet sich vom arabischen ›al-anbiq‹ für Destillierblase ab. Bis zur Entwicklung des >kontinuierlichen Destillierapparates war dies die einzige Möglichkeit, Alkohol zu brennen. Alambics haben sich im Lauf der mittlerweile über tausendjährigen Geschichte der Alkoholdestillation in zahlreichen Details verändert, wobei das Grundprinzip aber immer beibehalten wurde. >Destillation, Diskontinuierliche Destillation.

ALAMBICCO

it. für >Alambic.

ALBANA

Weiße Rebsorte, die hauptsächlich in der Emilia-Romagna angebaut wird. Die besten Trauben wachsen dabei um die Weinbauorte Bertinoro und Brisighella. Voraussetzung für den Erfolg beim Albana ist sorgfältige Kontrolle des Säuregehalts der reifenden Beeren. Gelingt das, entstehen charaktervolle Weißweine und ausdrucksstarke Grappe, deren Grundcharakter durch fruchtig-süße, an Blütenhonig erinnernde Töne bestimmt wird. >Celli.

ALDEHYDE

Chemische Verbindungen, die durch Oxidation aus >Alkoholen entstehen. Enthält Grappa einen geringen Anteil an Methanol, entsteht unter Lufteinfluss Formaldehyd mit stechendem, unangenehmen Geruch (>Aromafehler). Aus Ethanol entsteht der bei Weinen und Spirituosen häufig anzutreffende Acetaldehyd, das in dieser starken

Verdünnung als angenehme Aromakomponente empfunden wird. Bei hochprozentigen Alkoholika entsteht während der Lagerung aus Acetaldehyd und Ethanol Acetal, dessen Aroma sehr geschätzt wird. Die aromatischen Aldehyde werden nach dem vorherrschenden Aromaeindruck benannt, etwa Zimtaldehyd, Anisaldehyd und Vanillin. Befinden sich Spuren von Benzaldehyd im Destillat, entsteht der typische Duft von Bittermandeln oder Nüssen. >Amygdalin.

ALFIERI, MARCHESI

Piazza Alfieri, 32
14010 San Martino, Alfieri (AT)
Tel. 0141/976015

Zu den besten Weingütern Italiens gehörender Betrieb unter der charmanten Leitung von Giovanna und Antonella San Germano, die sich vor allem dem Barbera d'Asti widmen, aber auch ein Herz für Grappa besitzen. Gastfreundlich!

?! ALGUND

>Cantina Sociale Lagundo.

?! ALKOHOL

Chemische Bezeichnung für die organischen Verbindungen, die zur Stoffklasse der >Alkohole gehören. Umgangssprachlich ist allerdings Äthylalkohol (Ethanol) gemeint, Trinkalkohol. Das Wort stammt vom arabischen »al-khol«, das im engeren Sinne Antimonpulver zum Schwarzfärben der Haut bedeutete und das noch beim Khol-Kajalstift angewendet wird. Im weiteren Sinne wurde das Wort aber auch für die zunächst zur Herstellung von Kosmetika verwendeten Alkoholdestillate gebraucht.

?! ALKOHOL-BESTIMMUNG

Zur quantitativen Bestimmung des Alkoholgehalts einer Flüssigkeit sind verschiedene Methoden gebräuchlich, die jeweils an bestimmten chemischen oder physikalischen Eigenschaften des Alkohols ansetzen. An der Dichte orientiert sich die Messung mit dem Aräometer (Spindel-Alkoholometer), dem Pyknometer (Volumen/Masse-Messgerät) und der Biegeschwingermethode, bei der die Schwingungen der Flüssigkeit dem Alkoholgehalt zugeordnet werden können. Das Refraktometer setzt am Lichtbrechungsvermögen des Alkohols an, das Alkrumeter an der Volumenvergrößerung bei Temperaturerhöhung, das Ebullioskop am Siedepunkt und der Gaschromathograph an der Löslichkeit bzw. der Molekülgröße.

?! ALKOHOLE

Organische Verbindungen einer Stoffklasse, die durch das Auftreten von einer oder mehreren an Kohlenstoff gebundenen Hydroxyl-Gruppen aus Sauerstoff und Wasserstoff (OH-Gruppe) definiert wird. Während der Destillation werden das giftige Methanol und die Mehrheit der als >Fuselöle bezeichneten Amylalkohole vom genussfähigen Ethanol getrennt.

?! ALKOHOLGEHALT

Die Spirituosenverordnung (EWG) Nr. 1576/89 definiert den Alkoholgehalt als das »Verhältnis des in dem betreffenden Erzeugnis enthaltenen Volumens an reinem Alkohol bei einer Temperatur von 20°C zum Gesamtvolumen des Erzeugnisses bei derselben

Temperatur«. Bei Spirituosen darf der Alkoholgehalt nach der zweiten Destillation maximal 86% vol. betragen. Eine für den Verkauf bestimmte Grappa darf zwischen 37,5 und 60% vol. aufweisen, die meisten Grappe werden jedoch mit 40 bis 45% vol. abgefüllt.

ALLEGRINI

Corte Giara
37022 Fumane di Valpolicella (VR)
Tel. 045/6832011

Alteingesessenes Weingut mit moderner Kellerei in Valpolicella, die heute von den Geschwistern

Walter, Franco und Marilisa Allegrini geleitet wird. Grappa wird hier ernst genommen und das schmeckt man den Ergebnissen an: nicht nur der sehr gelungenen Grappa di Recioto di Valpolicella.

ALLERGIEN

Allergische Reaktionen auf Alkohol können nach dem Genuss selbst kleiner Mengen Ethanol auftreten. Leider. Den Betroffenen hilft meistens nur eines: Abstinenz…

ALTER

Grappa besitzt bereits direkt nach der Destillation den typischen Grappa-Charakter. Anders als bei Weinbränden, Rum oder Whisky spielt das Alter von Grappa daher keine große Rolle. Gesetzlich ist eine Mindestreifezeit von 6 Monaten zur Harmonisierung unter Zollverschluss vorgeschrieben. Danach hängt es vom Erzeuger ab, welches Aromaprofil er für sein Destillat bevorzugt. >Lagerung.

ALTERSPRÄDIKATE

Die europäische Verordnung zur Kennzeichnung von Spirituosen von 1989 bestimmt, dass, von wenigen Ausnahmen abgesehen, Reifezeiten nur dann deklariert werden dürfen, wenn sie den jüngsten alkoholischen Bestandteil einer Cuvée betreffen und das Ergebnis unter Steuerkontrolle oder einer gleichwertigen staatlichen Kontrolle verifiziert wurde. Bei den meisten Spirituosen, deren Wertigkeit durch die Lagerung bestimmt wird, gibt es diese strikten Kontrollen, auf die Bezeichnungen ist also Verlass. Allerdings – es existiert auch eine ganze Flut an unterschiedlichsten, teilweise mehr als phantasievollen Bezeichnungen, die als Synonyme für bestimmte Lagerzeiten angewendet werden dürfen. In Italien sind die folgenden Bezeichnungen üblich: ›Invecchiata‹, ›Stravecchia‹ oder ›Riserva‹ bezeichnen Destillate, die mindestens sechs Monate im Holzfass und weitere 6 Monate luftdicht in Glasballons oder im Edelstahltank reiften. >Lagerung.

ALTERUNG

>Lagerung

ALTESINO S.R.L.

Località Altesino
Frazione Torrenieri
53028 Montalcino (SI)
Tel. 0577/806208

Hoch in den Hügeln über Montalcino verkörpert das Vorzeige-Weingut Altesino den typischen Traum von der Toskana. Wer die Zufahrtsstraße durch eine malerische Zypressenallee hinauffährt, wird in dem auf den Ruinen des antiken ›Palazzo Altesi‹ erbauten Gut gastfreundlich empfangen. In den historischen Gewölbekellern können nicht nur die hoch konzentrierten Weine probiert werden. Anhand der freigelegten Fundamentsreste lässt sich

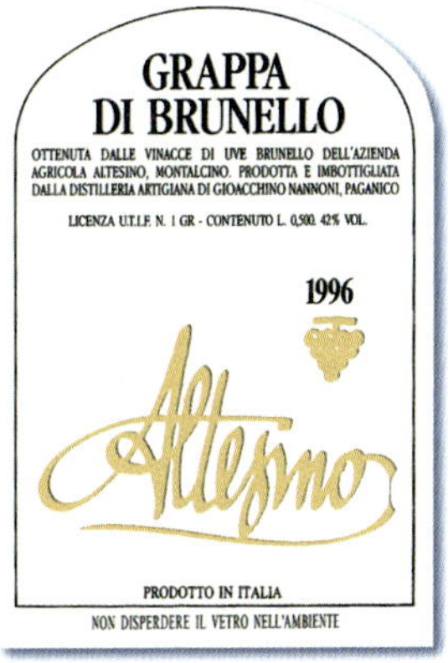

zudem die bis in römische Zeiten zurückreichende Geschichte dieser Weinbauregion nachvollziehen. Aus den Trestern der hervorragenden Brunello und Rosso di Montalcino werden nach handwerklicher Tradition feine Grappe gebrannt, die von ihrem Jahrgang geprägt und nur in kleinen Mengen erhältlich sind.

ALTO ADIGE

>Südtirol

AMARONE

Wuchtiger Rotwein aus rosinierten Trauben, der aus dem Anbaugebiet des Valpolicella in Venetien stammt und vermutlich der bekannteste Wein seiner Art in Italien ist. Für den Amarone wird hochreifes Traubengut selektiert und in besonderen Kammern zum Rosinieren aufgehängt oder auf Strohmatten ausgebreitet. Dabei hängt es vom Winzer ab, ob nur gesunde oder auch wie traditionell üblich vorwiegend edelfaule Trauben verwendet werden. Da der Mostertrag der Amarone-Trauben laut Vorschrift nur gering sein darf und die Trauben auf der Maische vergären, bleiben hocharomatische, feuchte Trester zurück, aus denen gerne Grappa gebrannt wird.

AMINOSÄUREN

>Fuselöle

ANAG

Verband der Grappa- und Spirituosenverkoster Italiens, 1978 in Asti durch die Initiative der dortigen Handelskammer entstanden. Von der ANAG werden Verkoster für Grappa und Schnäpse ausgebildet und die Methoden der Verkostung sowie die Produktionstechniken vertieft. Ziel der Vereinigung ist es, Verbraucherschutz zu praktizieren und die Qualitätssicherung bei Grappa zu unterstützen. Dem Verbraucher soll ermöglicht werden, Qualitätsbrände kompetent einzukaufen, andererseits sollen die Erzeuger ermutigt werden, ihre Produkte weiter zu verbessern. Der Kurs für den zukünftigen Verkoster ist in zwei Stufen eingeteilt, an deren Ende ein theoretischer Test und eine praktische Verkostung stehen. Nach bestandener Prüfung kann der Verkoster Mitglied der ANAG werden. Zu den Initiativen des Verbands gehören der Wettbewerb um den ›Alambicco d'Oro‹ (›goldener Destillierkolben‹), derzeit der einzige Vergleichstest auf Landesebene, bei dem die besten Grappe Italiens prämiert werden, daneben die ›Selezione delle grappe del Trentino‹ (Auswahl der besten Grappe des Trentino) und der ›Premio per la miglior grappa veneta‹ (Preis für die beste venetische Grappa).

AMYGDALIN

Ein in Traubenkernen enthaltenes Glucosid, das sich mit dem Enzym Emulsin bei Wasserhinzutritt zu Gentiobiose, Benzaldehyd und Blausäure aufspaltet. Da Benzaldehyd wegen seines kernigen Bittermandel-Aromas bei Grappa geschätzt wird, mischen Brenner gelegentlich extrem ausgepresste Trester in ihre Grappa-Maische. Wegen der möglichen Belastung mit giftiger Blausäure sollte Grappa mit ›kernigem‹ Charakter nur genossen werden, wenn die Flasche die staatliche Qualitätsbanderole trägt.

ANERI

Piazza Garibaldi, 21
37045 Legnago (VR)
Tel. 0442/20477

Der Prosecco-Erzeuger Aneri hatte es nicht leicht: die Destillation sauberer Grappe aus Weißweinsorten ohne >Aromafehler ist eine der schwierigsten Aufgaben der Grappaerzeugung. Auf der Suche nach einer Lösung, die die sichere Fermentation der weißen Prosecco-Traube der DOC Valdobbiadene erlaubt, kam man auf eine Vakuum-Technologie, die seither saubere Rohstoffe garantiert. Auch die Destillation findet unter Luftabschluss statt, hier wird allerdings die klassische Methode in einer traditionellen Brennblase aus Kupfer bevorzugt.

ANRÖSTUNG

>Lagerung

ANTICA DISTILLERIA ALTAVILLA

Loc. Cittadella
115041 Altav. Monferrato (AL)

Traditionsbrennerei im Piemont, die auch gerne von Winzern zur Grappadestillation herangezogen wird. Von Qualitätslieferanten aus der Region bezieht man frische, feuchte Trester, die zu regionaltypischen Monovitigno-Grappe aus Grignolino, Barbera, Malvasia, Freisa, Ruché, Moscato, Chardonnay, Nebbiolo, Gavi und Bracchetto gebrannt werden.

ANTICHI PODERI JERZU CANTINA DI JERZU

Via Umberto, 1
08044 Jerzu (NU)
Tel. 0782/70028

Sardische Genossenschaftskellerei, die sich extrem am Qualitätsweinbau orientiert und mit ihrer Vergangenheit als Massenproduzent radikal gebrochen hat.
In der Folge wurden auch die Grappe der Genossenschaft immer besser. Vor allem die aktuelle Monovitigno-Grappa di Cannonau Riserva ist eine gelungene Vertreterin ihrer Rebsorte und ihrer Insel. Sie wurde in der Toskana aus den mit dem Most des Cannonau vergorenen Trestern destilliert und dann nach den vorgeschriebenen 6 Monaten Lagerzeit weitere Monate im Tank harmonisiert, was die weiße Grappa zur Führung des Prädikats Riserva berechtigt.

ANTICO CASALE DI SCANSANO

Loc. Castagneta
58054 Scansano (GR)
Tel. 0564/507219

Die Weinbauregion um Scansano und das benachbarte Montemerano ist eines der am schnellsten wachsenden Anbaugebiete der Maremma in der westlichen Toskana. Das Weingut Antico Casale di Scansano gehört in der ›neuen‹ Region zu den alteingesessenen Erzeugern – nicht nur die Grappa zeigt, dass Erfahrung zu guten Ergebnissen führt.

ANTINORI, MARCHESI

Piazza degli Antinori, 3
50123 Florenz
Tel. 055/23595

Heute kennt sie jeder Weinliebhaber: die Super-Toskaner des Markgrafen Piero Antinori. Dabei ist es noch gar nicht so lange her, seit Piero Antinori den heimatlichen Chianti Classico »entrümpelte« und an der konservativen Weingesetzgebung vorbei einen neuen Weintyp kreierte, der schnell für Aufsehen sorgte. Heute sind die ›Tafelweine‹ Tignanello und Solaia selbst schon Klassiker. Aus den Trestern dieser Top-Weine werden in der zur Antinori-Kellerei in Casciano Val di Pesa gehörenden Brennerei elegante Grappe gebrannt.

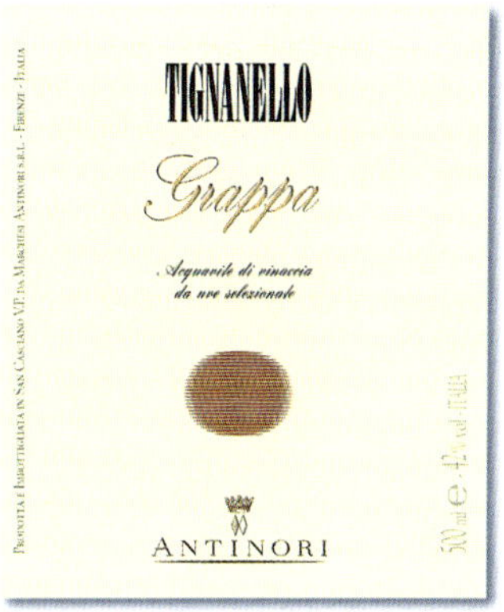

ANTONIOLO, AZIENDA VITIVINICOLA

13045 Gattinara (VC)
Tel. 0163/833612

Weingut im nördlichen Piemont, dessen Weine laut Gambero Rosso einen ›Ehrenplatz‹ in ihrer Region einnehmen. Ähnliches gilt auch für die Grappa di Nebbiolo, die als Vorzeigebrand in die >Enoteca Regionale di Gattinara e delle Terre del Nebbiolo Nord Piemonte aufgenommen wurde und die Grappa Foch ad Gattinara, deren Nebbiolo-Trester vom Weinberg Osso San Grato stammen.

ANTONUTTI, CASA VINICOLA

Via D'Antoni, 21
33030 Colloredo di Prato (UD)
Tel. 0432/662001

Familienweingut aus dem Friaul, in dem vorwiegend sortenreine DOC-Weine gekeltert werden. Aus dem Trestermischsatz aus verschiedenen für das Friaul typischen Rebsorten entsteht die Winzergrappa Subita, allerdings nur in Kleinmengen.

ANZIVINO, ALESSANDRO

Corso Valsesia, 162
13045 Gattinara (VC)
Tel. 0163/827172

Alessandro Anzivino gehört nicht zu den prominentesten Winzern des nördlichen Piemonts, dazu ist die Konkurrenz zu groß. Seine Grappa di Nebbiolo hat dafür die höchsten regionalen Weihen geschafft und wird in der Enoteca Regionale di Gattinara e delle Terre del Nebbiolo Nord Piemonte als vorbildlicher Tresterbrand angeboten.

AOSTATAL

Die kleinste Weinbauregion Italiens befindet sich im Nordwesten an der Grenze zu Frankreich und der Schweiz. Die Weinberge liegen beidseitig in einem lang gestreckten, schmalen Tal, das vom Fluss Dora Baltea durchflossen wird. Dank der zentralen Lage hatten die Winzer im Aostatal über Jahrhunderte Zugang zu Weinreben aus ganz Europa: was sich für das raue Höhenklima eignete, wurde und wird auch angebaut. In der Folge entwickelte sich eine eigenständige Weinkultur, die dank geringer Mengen und der großen Nachfrage seitens durchreisender Weinliebhaber allerdings nur vor Ort wirklich entdeckt werden kann: Aostaweine werden nur selten überregional angeboten. Ähnlich verhält es sich mit den hier destillierten Grappe: wer die oft nur in Kleinstmengen verfügbaren Destillate probieren will, wird um die Reise ins Aostatal nicht herumkommen.

>Cave des onze Comunes.

APERITIF

Das Wort stammt von lat. aperire = öffnen und wurde von französischen Gourmets als Bezeichnung für einen alkoholischen Magenöffner vor dem Essen international eingeführt. In Italien wird gelegentlich auch Grappa als Aperitif genossen, vor allem eine leichte, fruchtbetonte Grappa Bianca. Mitunter wird auch ein Prosecco-Cocktail aus Grappa di Prosecco, Prosecco Spumante und einem Schuss Grapefruitsaft angeboten, vor allem in den Weinbars in Venedig.

APULIEN

Weinbaugebiet in Südostitalien, das auch den Sporn und den Absatz des italienischen Stiefels umfasst. In den letzten Jahren haben sich die Qualität und der Charakter der hier produzierten Weine dank intensiver Bemühungen der Winzer enorm verbessert, und parallel dazu wurden die in 24 kontrollierten Herkunftsbezeichnungen erfassten DOC-Weine im Norden Europas beliebt. Das liegt zum einen am Preis, der so manches Schnäppchen ermöglicht, andererseits werden im trocken-warmen Klima Apuliens Rotweine mit kraftvollem Duft und Körper produziert, deren komplexes Tannin und Säure nachhaltigen Genuss versprechen – Voraussetzungen, die auch die Grappe aus Apulien zu Geheimtipps werden ließen. Wurden regionale Tresterbrände einst traditionell mit Kräutern oder Zitrusfrüchten aromatisiert, beweisen die ›neuen Grappe‹ ihre Klasse auch im Vergleich mit den Konkurrenten aus den kühleren Nordregionen Italiens.

AQUILEIA DI COMAR, DISTILLERIA

VIA IULIA AUGUSTA, 87/A
33051 AQUILEIA (UD)
TEL. 0431/91091

Qualitätsdestillerie, die auch viel im Auftrag renommierter Weingüter brennt und Mitglied im Consorzio per la Tutela della Grappa Friulana ist. Zu den besten Eigenerzeugnissen gehören die Grappa da un solo vitigno La Ribolla Gialla, La Centenara Gran Riserva, Grappa Flavia, Grappa di Refosco und Grappa di Pignolo.

ARGIOLAS

VIA ROMA, 56/58
09040 SERDIANA (CA)
TEL. 070/740606

Die Cantina der Familie Argiolas gehört unbestritten zu den Spitzenerzeugern Sardiniens – sieben Jahre in Folge erhielt das Flaggschiff des Weingutes, der rote Turriga, die Höchstnotierung des Gambero Rosso, die Tre Bicchieri. Aus dem Trestermischsatz des Turriga, der aus den typischen Rebsorten Sardiniens Cannonau, Carignano und Bovale Sardo besteht, die mit Malvasia Nera und Sangiovese abgerundet wurden, wird eine seltene Grappa di Turriga gebrannt.

ARNEIS

Die Rebsorte Arneis wird vorwiegend in den Roero-Bergen im Piemont angebaut und gewinnt zunehmend an Bedeutung. Der Wein daraus wird jung getrunken, ist deshalb säurebetont, aber bukettreich und fruchtig. Die Trester eignen sich gut zur Destillation von Grappa. > Barolo, Marchesi di.

AROMA

Der Fachbegriff Aroma wird bei Spirituosen anders verwendet als bei Weinen. Während man bei Weinen unter Aroma den Duft des jungen Weines im Unterschied zu dem komplexeren Bukett reiferer Weine versteht, wird bei Destillaten damit das harmonische Zusammenspiel von Duft und Geschmack charakterisiert. Der aus dem Griechischen stammende Begriff bedeutete ursprünglich ›Gewürz‹ – tatsächlich wird das Aroma in der Hauptsache durch unterschiedliche Fruchtsäuren, Fruchtäther sowie >ätherische Öle bestimmt.

?! AROMAFEHLER

Die Ursachen für spätere Aromafehler entstehen während der Vergärung und der Destillation von Grappa. Als Faustregel gilt, dass Grappa aus Rotweinrebsorten weniger anfällig ist für Aromafehler, da in Italien maischevergorene Rotweine die Regel sind. Die Trester vergären dabei mit dem Wein unter Luftabschluss und können gleich nach dem Abpressen gebrannt werden. Weißweintrester müssen dagegen nach dem >Abstich vergoren werden. Wenn dies nicht in luftdichten Silos und kontrolliert geschieht, sind die nur wenig feuchten Traubenschalen in dieser Zeit dem negativen Einfluss des Luftsauerstoffes ausgesetzt. Durch chemische Prozesse können sich negative Aromen entwickeln, die durch die Destillation konzentriert und verstärkt werden. Die häufigsten Aromafehler sind:

Acroleinstich: riecht stechend und schmeckt brennend, meist nach Meerrettich. (Ursache: u.a. bakterielle Maischeinfektion)
Böckser (Schwefelwasserstoff): Geruch und Geschmack nach faulen Eiern (Fassschwefelung, zu lange Maischelagerung)
Buttersäurestich: ein Geruch nach Schweiß oder ranziger Butter (Vergärung bei zu warmer Witterung, Buttersäurebakterien)
Essigstich: riecht nach Essig, schmeckt sauer (zu lange Gärdauer, Essigbakterien wie Acetobacter)
Estergeruch: riecht nach Nagellack bzw. Verdünner (sog. ›Uhu-Ton‹, z.B. durch Spontangärung)
Kartoffelkellergeschmack, Schimmelton: riecht und schmeckt bitter, dumpf, muffig (z.B. faules Obst, Gärfehler, von Schimmel befallene Behälter, Schläuche o. Ä.)
Metallgeschmack: schmeckt metallisch bitter (Destillationsfehler)
Sauerkrautstich (Mannitstich): riecht nach Sauerkraut (Milchsäuregärung)
Schwefeldioxidfehler: riecht stechend (Maischebehandlung mit schwefliger Säure)
Trübungen: trübes, unklares Aussehen (z.B. aufgrund chemischer Prozesse bei der Destillation)

?! AROMASTOFFE

Neben den natürlich aus dem Trester stammenden und durch die Destillation konzentrierten Aromastoffen aus der Traubenbeere werden bei der Herstellung von Grappa gelegentlich auch aromatisierende Stoffe eingesetzt, die den Destillaten einen bestimmten Geschmack und Geruch verleihen. >Aromatisierte Grappe. Zubereitungen sowohl natürlicher als auch künstlicher Aromastoffe werden als Essenzen bezeichnet. Bei der Destillation können neben den erwünschten Aromastoffen auch >Aromafehler entstehen.

?! AROMATISIERTE GRAPPE

Grappe, die durch Zusatz von >ätherischen Ölen, Früchten oder Kräuterauszügen zusätzlichen Duft und Geschmack erhalten. Beliebt ist die Aromatisierung mit einem eingelegten Rautenzweig (Grappa alla Ruta), aber auch Zitronenmelisse, Minze, Nelken, Wacholder, Kümmel, Zimt, Anis, Chinarinde, Mandeln oder Pinienkernen sowie mit aus diesen Kräutern und Gewürzen hergestellten Ölen. Wird die Grappa

^ Grappaliköre der Firma >Borghi.

dann noch mit Zuckersirup abgerundet, entsteht ein Grappalikör.

ARRICANTE

Gelegentlich finden sich Grappe aus der weißen Rebsorte Arricante, die in Sizilien weit verbreitet ist. Die Grappe sind meistens fruchtbetont, aber nur selten wirklich charaktervoll, was den Liebhabern der klassischen Grappa Bianca aber nur recht sein wird.

ARTIMINO, FATTORIA DI

Loc. Artimino
Viale Papa Giovanni XXIII, 3
50042 Carmignano (PR)
Tel. 055/875141

Toskanische Landvilla mit kleinem Hotel und einigen Weinbergen, wo nach ökologischen Prinzipien Wein angebaut wird, unter anderem Vin Santo di Carmignano und Carmignano DOCG Riserva. Daneben wird gutes Olivenöl produziert und auch ein wenig Grappa. Die Grappa di Artimino und die Grappa di Artimino Riserva können vor Ort probiert werden.

ASCHERI, MATTEO & GIACOMO

Via G. Piumati, 23
12042 Bra (CN)
Tel. 0172/412394

Aufstrebendes Familienweingut in Bra im Barologebiet des Piemont. Matteo Ascheri lässt seine Trester bei zwei verschiedenen Destillerien brennen, die beide für Können und Qualität stehen. Die Grappa di Viognier und die Grappa di Syrah wurden bei >Rovero gebrannt und werden unter dem Markennamen Grappa di Montalupa angeboten – von diesem Weinbergsbesitz stammen die Trauben. Die traditionelleren Grappe di Barolo, Moscato (beide drei Jahre im Fass gelagert) sowie die beiden weißen Grappe di Nebbiolo und Dolcetto wurden bei >Montanaro destilliert.

ASSEMBLAGE
>Mischsatz

ASSOZIATIONI PRODUTTORI GRAPPA DELL'ADIGE
Via Raiffeisen, 5
39100 Bolzano (BZ)
Tel. 0471/945694
Zusammenschluss der Erzeuger von Qualitätsgrappa in Südtirol.

ÄTHANOL/ETHANOL
>Alkohol

ÄTHERISCHE ÖLE
In den ätherischen Ölen konzentriert sich das Aroma von Kräutern und Destillaten. Während Arznei- und Gewürzpflanzen in der Regel von einem ätherischen Öl bestimmt werden, findet sich in Spirituosen ein reichhaltiges Gemisch verschiedenster Öle, die dem Destillat den überraschenden Aromareichtum verleiht.

ÄTHYLALKOHOL
Der bei der Destillation erwünschte und größtenteils produzierte Alkohol-Typ >Alkohol.

ATTEMS, CONTI
Via G. Cesare, 46
34070 Lucinico (GO)
Tel. 0481/392346
Nachweislich seit 1506 wird auf diesem im friulischen Collio gelegenen Weingut der Grafen von Attems Wein erzeugt. Seit dem Jahre 2000 besteht eine Partnerschaft mit dem Weinhaus der Marchesi de Frescobaldi >Castelgiocondo, für den Wein ist allerdings immer noch der Önologe Fabio Coser verantwortlich. Im Moment ist noch keine Entscheidung gefallen, ob man weiterhin unter dem Namen Attems Grappa anbieten wird, allerdings sind im Handel noch Restbestände der Grappa Conti Attems zu finden, die aus den Trestern des Rosato di Lucinico in der Destillerie Aquileia di Flavio Comar diskontinuierlich im Alambic gebrannt wurde.

AUKTIONEN
Anders als beim Wein oder auch beim Cognac hat sich Grappa noch nicht zum Spekulationsobjekt entwickelt, das nur hochpreisig bei Auktionen gehandelt wird. Allerdings finden sich gelegentlich interessante Grappaauktionen im Internet beim Auktionshaus Ebay (www.ebay.com), wo die Destillate in der Regel zum halben Ladenpreis zugeschlagen werden.

AUSBEUTE
Für die Destillation von Trester gilt die folgende Faustregel: 1 Zentner Trester liefert zwischen 1,5 und 2,5 Liter reinen Alkohol, d.h. zwischen 3 und 6 Liter auf Trinkstärke herabgesetztes Destillat.

AUTOCHTHONE REBSORTEN
›Autochthon‹ bedeutet bei Pflanzen ›am Fundort entstanden oder vorkommend‹. Im Zusammenhang mit Rebsorten wird damit ausgedrückt, dass die Sorte aus der Anbauregion stammt und auch nur dort angebaut wird. Oft handelt es sich bei diesen Trauben um Variationen bekannterer Rebsorten, die im Laufe der Zeit einen ganz eigenen, regionalen Charakter entwickelt haben. Es finden sich aber auch ganz eigenständige Rebsorten. Da sich diese Rebsorten besonders intensiv an die Boden- und Klimagegebenheiten

ihrer Heimat angepasst haben, wird in der Regel auch daraus destillierte Grappa besonders charaktervoll.

AVIDE

Corso Italia, 131
97100 Comiso di Ragusa (RG)
Tel. 0932/967456

Bekanntes sizilianisches Weingut. Die Grappa di Cerasuolo di Vittoria entsteht aus den Trestern des DOC-Rotweines Cerasuolo di Vittoria, der aus Frappato und Nero D'Avola-Trauben gekeltert wird.

AVIGNONESI

Via di Gracciano
nel Corso, 91
53045 Montepulciano (SI)
Tel. 0578/757872

Toskanisches Weinhaus, zu dem verschiedene Top-Weingüter gehören. Der Firmensitz befindet sich in der Altstadt von Montepulciano in einem Palazzo aus dem 16. Jahrhundert, in dem die Weine auch probiert und gekauft werden können. Besonders interessant ist dabei neben Riserva-Qualitäten des Vino Nobile de Montepulciano die toskanische Spezialität Vin Santo aus Grechetto-Trauben, die mit Trebbiano und Malvasia abgerundet wurden. Die Grappa di Vino Nobile de Montepulciano stammt aus Trestern, die mit ihrem für den Ausbau zur Riserva vorgesehenen Wein vergoren und direkt nach dem Abstich gebrannt wurden.

BACCO E ARIANNA

Frazione Boccon
Via Cà Sceriman, 10
35030 Vò Euganeo (PD)
Tel. 049/9940187

In den südlich von Padua überraschend steil ansteigenden Hügeln der Colli Euganei gelegenes Weingut. Hier bauten schon die Römer Wein an. Mild und perlend war und ist dieser Wein und liefert damit auch gute Voraussetzungen für runde, gefällige Grappe.

BADIA A COLTI-BUONO

Località Badia a Coltibuono
53013 Gaiole in Chianti (SI)
Tel. 0577/49300

Seit mehr als 1000 Jahren hält man im Weingut Badia a Coltibuono Weinbautraditionen hoch. Erst waren es Mönche, die in der ›Abtei der guten Ernte‹, so lautet die Übersetzung des Namens, nicht nur Wein anbauten, sondern auch Weinbau lehrten und damit die Stellung der Toskana als Spitzenanbaugebiet begründeten. Heute gehört das Weingut Piero Stucchi Prinetti und seiner Frau Lorenza de Medici, die nicht nur aus Florentiner Hochadel stammt, sondern auch als Kochbuchautorin sehr bekannt ist. Die Weine von Badia a Coltibuono gehören zu den besten der Region und können vor Ort verkostet werden. Die Grappa di Coltibuono wird bei >Francheschini aus den Trestern der Riserva-Weine gebrannt und bietet bezahlbare Qualität.

BAGNOMARIA

>Alambic mit Doppelwand; durch schonende und gleichmäßigere indirekte Beheizung mittels zirkulierendem heißem Wasser oder Wasserdampf wird ein Anbrennen der Trester vermieden. >Distillato a vapore.

BALBIANO, MELCHIORRE

Snc di Balbiano
Dr. Francesco & C
Via Vittorio Emanuele, 1
10020 Andezeno (TO)
Tel. 011/9434214

In der Nähe von Turin liegt dieses vom Großvater des heutigen Inhabers im Jahre 1941 gegründete Weingut, in dem man sich neben den Klassikern der Region auch auf Malvasier-Weine spezialisiert hat, die einen ausgezeichneten Ruf genießen.
Auf der letzten VinItaly fiel die Grappa di Freisa als gelungenes Beispiel auf.

BANFI

>Castello Banfi.

BARALE, FRATELLI

Via Roma, 6
12060 Barolo (CN)
Tel. 0173/56127

Direkt am Marktplatz von Barolo liegt das 1870 gegründete Weingut von Sergio Barale. Die hier produzierten Barolo, Barbaresco und Barbera sind traditionell ausgebaute Weine. Die Grappa di Barolo des Hauses gilt als so typisch für die Region, dass sie für die Enoteca Regionale del Barolo ausgewählt wurde.

BARAVALLE, AZ. AGRICOLA

FRAZIONE VALLE CHIOZZE, 24
14042 CALAMANDRANA (AT)
TEL. 0141/75159
Piemonteser Weingut mit kleiner Grappa-Produktion (z.B. Grappa di Bracchetto).

BARBARESCO, DISTILLERIA DEL

BRICCO ALBANO
12050 BARBARESCO (CN)
TEL. 0173/635217
Das Flaggschiff dieser bekannten Piemonteser Destillerie mit engen Verbindungen zur regionalen Weinszene ist die Grappa di Nebbiolo aus der edlen Rotweinrebsorte Nebbiolo. U. a. wird für Angelo >Gaja gebrannt.

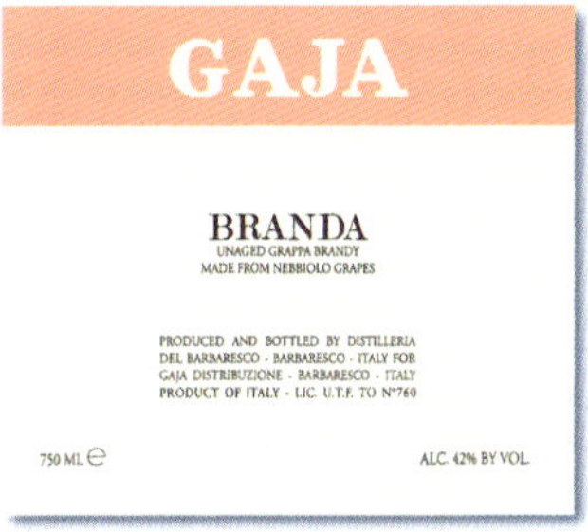

BARBAROSSA

Seltene Rotweinrebsorte aus Bertignoro in der Emilia-Romagna, die von Mario Pezzi von der Fattoria >Paradiso entdeckt und als Spezialität zum anerkannten >IGT-Wein durchgesetzt wurde. Aus den Trestern destilliert Pezzi eine seltene Grappa di Barbarossa.

BARBERA

Eine der wichtigsten roten Rebsorten des Piemont, die auch in der Lombardei und in der Emilia-

Romagna angebaut wird. Da Barbera-Wein in der Regel lange auf der Maische vergoren wird, fermentieren die Trester mit ihrem Wein und können direkt nach dem Abstich gebrannt werden. Der hohe Tanningehalt des Tresters sorgt für eher kraftvolle, markige Destillate, die sich sehr gut zur Fasslagerung eignen. >Cascina Castlèt.

BARBERANI, AZIENDA AGRICOLA VALLESANTA DI LUIGI BARBERANI

LOCALITÀ CERRETO
05023 BASCHI (TR)
TEL. 0763/341820
Die Bodenverhältnisse und das Klima im umbrischen Weinort Baschi lassen sich mit der benachbarten Toskana vergleichen – auch hier wachsen gute Weine aus Sémillon, Cabernet, Spätburgunder und Sauvignon, daneben wird die Chianti-Rebe Sangiovese angebaut. Eine

Spezialität des Weingutes Vallesanta ist der edelsüße Orvieto ›Calcaia‹, dessen Trester für Grappa gebrannt werden. Die Grappa Calcaia wird dreifach bei Niedrigtemperatur gebrannt und über ein Jahr in Eichenholzfässern gelagert.

BARBI, FATTORIA DEI

Località Podernovi
53024 Montalcino (SI)
Tel. 0577/848277

Das große Gut von Francesca Colombini Cinelli beherbergt neben Keller und Kelter auch Metzgerei, Käserei, Bäckerei, Ölmühle, Imkerei und ländliche Schänke. Hier kann man am offenen Kamin nicht nur gemütlich speisen, hier könnte man in entspannter Atmosphäre ins Zechen kommen: die Qualität der Grappa di Brunello und der Grappa di Brunello Riserva sorgt dafür, dass es am nächsten Tag kein übles Erwachen geben wird…

BARILE, DISTILLERIA

Via Roccagrimalda, 17
15060 Silvano d'Orba (AL)
Tel. 010/6442326

Handwerklich arbeitende Destillerie, die bevorzugt Trester aus Ligurien und dem Piemont verarbeitet. Die Grappe werden in einem traditionellen und aufwendigen Wasserbad-Verfahren destilliert. Freunde lange gelagerter Grappe finden hier neben der weißen Grappa Dolcetto Giovane auch Grappe di Dolcetto Invecchiate in den Alterstufen 10, 21 und 25 Jahre, die in 250-Liter-Eichenfässern gelagert wurden.

BAROLO, DISTILLERIA MARCHESI DI

Via Alba, 12
12060 Barolo (CN)
Tel. 0173/564400

Mitten im Anbaugebiet Barolo liegt die gleichnamige Destillerie, die auch für Weingüter Grappa brennt. Von den Eigenerzeugnissen sind die Grappa di Barolo und die Grappa di Arneis empfehlenswert.

BARONCINI, CANTINE

Loc. Casale, 43
53037 San Gimignano (SI)
Tel. 0577/940600 o. 940475

Zwei Grappe stellen die Inhaber dieses traditionell geführten Weingutes in San Gimignano aus den hier erzeugten Trestern her: aus den Trestern des Vernaccia eine zartgliedrige Grappa di Vernaccia di San Gimignano, aus dem Chianti-Mischsatz die eher bodenständigfruchtige Grappa di Chianti Colli Senesi. Aus den Trestern auf der

zum Gut gehörenden Podere Aia della Macina entsteht eine rare Grappa di Morellino di Scansano.

BARONE RICASOLI DI FAMIGLIA RICASOLI
Località Brolio
53013 Gaiole in Chianti (SI)
Tel. 0577/749066
Historisches Weingut, das nach einigen schweren Jahren durch die konsequent nach Qualität strebende Arbeit im letzten Jahrzehnt wieder den Anschluss an die Spitze der Toskana geschafft hat und dafür mehrfach mit den Tre Bicchieri des Gambero Rosso ausgezeichnet wurde. Die Grappa des Hauses erfreut sich nicht nur in der Spitzengastronomie wachsender Beliebtheit.

BAROZZI E. DI POLI ERNESTO & C., DESTILLERIE
Via Nazionale, 1
38060 Lizzana di Rovereto (TN)
Tel. 0464/433713
Ernesto Poli von Barozzi ist nicht nur Destillateur, an ihm ist auch ein der Farbenpracht der italienischen Renaissance und des Jugendstils verhafteter Glasdesigner verloren gegangen. Eine der wenigen Destillerien mit ausgefallenen Glasflaschen, deren Erzeugnisse ebenso aufwendig gemacht sind wie die Verpackung. Originelle aromatisierte Grappe.

BARRIQUE
>Lagerung.

BASILIKATA
Arme Gebirgsprovinz im Innern Italiens, mitten im Mezzogiorno. Hier leben nur wenige Menschen und noch weniger leben vom Weinbau. Dabei lohnt es sich durchaus, die Weine und auch die Grappe der Basilikata zu entdecken – mit der Aglianico besitzt man traditionell eine Rebsorte, die nicht nur vollfruchtige, schwere Rotweine voller Charakter ergibt, aus den Trestern dieser Weine wird auch vorzügliche Grappa gebrannt.
>D'Angelo.

BATASIOLO
Frazione Annunziata, 8
12064 La Morra (CN)
Tel. 0173/50130
Barolo-Weingut, mit seiner Vorzeige-Grappa di Barolo in der >Enoteca Regionale del Barolo vertreten.

BAVA
Strada Monferrato, 2
14023 Cocconato (AT)
Tel. 0141/907083
Seit mehr als 90 Jahren wird bei Bava im zu Asti gehörenden Teil des Monferrato Wein gekeltert und seit einigen Jahren gehört auch Grappa zum Produktprogramm. Für Rober-

to Bava, den heutigen Chef, eine wichtige Ergänzung seines Programmes und Ausdruck einer immer noch sparsam-bäuerlichen Grundeinstellung: Wo wie beim Malvasier Erträge so bewusst begrenzt und die Trauben so vorsichtig gepresst werden, da entsteht auch der Rohstoff für hochwertige Grappe. Die Grappa di Malvasia Bava Uvantica und der Obstbrand aus ganzen Trauben, Distillato di uva di Malvasia, sind deshalb besonders schöne Beispiele für die Geschmacksintensität, die Grappe aus Aromarebsorten erreichen können.

BECCARIS, DISTILLERIA ELIO

FRAZIONE BOGLIETTO, VIA ALBA, 15
14056 COSTIGLIOLE D'ASTI (AT)
TEL. 0141/968127

Die traditionell arbeitende Destillerie von Elio Beccaris im Weinanbaugebiet Asti des Piemont ist eher ein Geheimtipp: nur selten findet man die ausgezeichneten Grappe im Weinfachhandel Italiens oder Deutschlands. Schade: hier wird man wohl um eine Reise ins Piemont nicht herumkommen. Dafür findet sich die Grappa di Uvaggi diversi (Mischsatzgrappa) und die Grappa Stravecchia '89 beispielsweise in der Enoteca Regionale von Asti.

BEL COLLE

FRAZIONE CASTAGNI, 56
12060 VERDUNO (CN)
TEL. 0172/470196

Barolo-Weingut, in der Enoteca Regionale del Barolo mit der Grappa di Barolo vertreten.

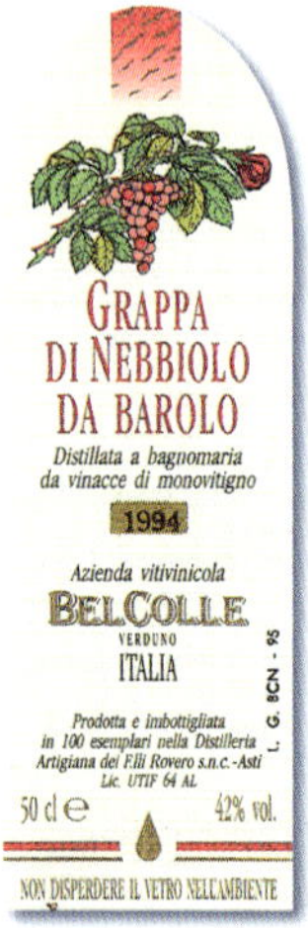

BELVEDERE, FATTORIA

LOC. BELVEDERE
53034 COLLE VAL D'ELSA (SI)
TEL. 0577/920009

Die Colli Senesi, also die »Hügel von Siena«, mit ihren Chianti-Weinbergen umgeben auch die historische Fattoria, in der Wein und

Grappa nach ökologischen Methoden erzeugt wird. Gastfreundliches Haus, Agriturismo.

BENANTI

Loc. Viagrande,
Via G. Garibaldi, 475
95029 Catania (RG)
Tel. 0957/89 34 98
benanti@vinicolabenanti.it
www.vinicolabenanti.it

Die Bilder, die in der letzten Zeit von den Ausbrüchen des sizilianischen Ätna zu uns übertragen wurden, lassen ein wenig um die Zukunft dieses Weingutes mit ausgedehnten Rebanlagen am Vulkan fürchten. Aber wer will schon pessimistisch in die Zukunft schauen, wenn hier derart interessante, in Höhenlagen von 600–700 m gewachsene Weine angebaut werden? Die Spezialitäten des Weingutes Benanti sind dabei rebsortenreine Weine aus > autochthonen (alteingesessenen) Sorten der Region, denen mit der Grappa di Nerello Mascalese eine Grappa Monovitigno zur Seite gestellt wurde. Weitere Monovitigno-Grappe entstehen in Kleinmengen aus Cabernet Sauvignon und Chardonnay.

BERA, FRATELLI, AG. AGR.

Via Castellero, 12
12050 Neviglie (CN)
Tel. 0173/63 01 94

Piemonteser Weingut, dessen Muskateller-Grappa als so typisch für die Region gilt, dass man sie in der Enoteca Regionale del Piemonte vorstellt.

?! BERINGER BLASS ITALIA

>Castello di Gabbiano.

BERLUCCHI, AZIENDA AGRICOLA FRATELLI

Via Broletto, 2
25040 Città Cortefranca (BS)
Tel. 030/98 44 51

Das Weingut der Brüder Berlucchi ist vor allem für seine feinperligen, fruchtigen Spumante bekannt. Dass sich die Trester der Franciacorta-Spumante auch hervorragend zur Destillation eignen, wird mit der Grappa di Franciacorta bewiesen.

BERTA, DISTILLERIA

Via S. Nicolao, 30/32
14049 Nizza Monferrato (AT)
Tel. 0141/72 13 58

Angesehene Destillerie im Piemont, die nicht nur für die eigenen Grappe, sondern auch für ein überlegt erdachtes Konzept an Winzergrappe bekannt ist > Hastae.

BERTAGNOLLI, DISTILLERIA

Via Teroldego, 11/13
38016 Mezzocorona (TN)
Tel. 0461/60 38 00

1870 vom Bozener Kaufmann Edoardo Bertagnolli gegründete Familien-Destillerie. Die guten Beziehungen seiner Ehefrau, der österreichischen Erbin Julia von Kreutzenberg, sorgten dafür, dass Bertagnolli schon zwei Jahre später den Wiener Kaiserhof beliefern durfte. Noch heute wird nach den

schon damals erfolgreichen, aufwendigen Methoden destilliert: diskontinuierlich im traditionellen Wasserbad-Alambic. Neben rebsortenreinen Monovitigno-Grappe entstehen auch zwei elegante Mischsatzgrappe, eine Grappa Bianca und ein im Barrique ausgebauter Tresterbrand.

?! BIANCA

Italienischer Begriff für eine junge, weiße Grappa, die nach der Destillation lediglich die vorgeschriebenen 6 Monate im Edelstahltank unter Zollverschluss reifte. In dieser Zeit harmonisiert der Brand, behält aber den Charakter, der vor dem großen Grappaboom als ›typisch‹ für Grappa galt: leicht, fruchtig, mit zartem Kräuteraroma.

BIANCHI, AZIENDA AGRICOLA BIOLOGICA

Via Roma, 37
28070 Sizzano (NO)
Tel. 0321/810004

Vor über 200 Jahren gegründetes Familienweingut in den Hügeln nördlich von Novara im Alpenvorland, das nach biologischen Methoden geführt wird. Wichtigste Weine sind die Rotweine der geschützten Herkunftsbezeichnungen Gattinara, Ghemme und Sizzano. Aus den Gattinara-Trestern ensteht eine Grappa di Gattinara, die als »regionale Vorzeige-Grappa« in der Enoteca Regionale della Serra ausgeschenkt wird.

BINDELLA TERRA VITE VITA

Frazione Acquaviva
Via delle Tre Berte, 10/A
53040 Montepulciano (SI)
Tel. 0578/767777

Eines der aufstrebenden und auch kommerziell sehr erfolgreichen Güter in Montepulciano. Zur Abrundung des Angebots lässt man auch eine Grappa di Vino Nobile di Montepulciano brennen.

BIONDI SANTI

Via I Pieri, 1
53024 Montalcino (SI)
Tel. 0577/847121

Einer der ganz großen Namen im Brunello-Gebiet. Zum Besitz gehören auch die Villa Poggio Salvi und das Castello di Montepò in Scansano bei Grosetto, wo die Sangiovese-Spielart Morellino ebenfalls großartige Rotweine ergibt. In Altmeister Jacopo Biondi Santi hat aber auch die Grappa der Toskana einen Fürsprecher gefunden: aus den Brunello-Trestern der Villa Poggio Salvi entsteht eine sortenreine Grappa in der geringen Menge von jährlich 5000 Flaschen, von denen nur ein Zehntel exportiert wird.

BIXIO

V. Corte Fornari, 36
37047 San Bonifacio (VR)
Tel. 045/7610758

Das Soave-Weingut von Emilio Bixio gehört der Vermarktungsgemeinschaft Istituto Enologico Italiano (IEI) mit Sitz in Soave an, deren Präsident der wirbelige Winzer ist. Über IEI werden auch die Bixio-Grappe vermarktet: Grappa di Recioto und Grappa di Amarone di Valpolicella sowie Grappa di Bardolino.

BOCCHINO, DISTILLERIA

Via G.B.Giuliani, 88
14053 Canelli (AT)
Tel. 0141/8010

Größe bedeutet nicht zwangsläufig Massenprodukte. Die Distilleria Canallese der Familie Bocchino beweist dies mit jeder Flasche Grappa, die die großen Lagerhallen oder den Tuffsteinkeller mit dem Fasslager verlässt und sich auf die Reise rund um den Globus macht. Von den eigenen Weinbergen stammen die speziell zur Destillation sehr feucht gehaltenen Trester. Die zur Destillation eingesetzte Technik ist modern, basiert aber nach wie vor auf den im Piemont traditionellen, mit Dampf beheizten Kupferbrennblasen. Neben Markengrappe in großer Auflage experimentieren die Inhaber Carlo und Antonella Bocchino mit Kleinserien, die oft erstaunliche Aromenwelten eröffnen.

BOFFA, CANTINA CARLO

Via Torino, 17
12050 Barbaresco (CN)
Tel. 0173/635174

Piemonteser Weingut mit kleiner Destillerie. Besonders geschätzt wird die Grappa di Nebbiolo, von der Traube, aus der auch der Barbaresco des Hauses gekeltert wird.

BONARDA

Eine Rotweinrebsorte, die ursprünglich aus den Novara-Bergen stammt und dort reinsortig oder als Teil einer Cuvée ausgebaut wird. Im benachbarten Oltrepò Pavese der Lombardei heißt die Sorte Croatina. Bonarda-Grappe profitieren davon, dass die Trauben auf Erhalt der natürlichen Säure hin

angebaut werden und die Trester mit dem Wein vergären können.
>La Versa.

BONDED WAREHOUSES

>Zollverschluss.

BONOLLO, DISTILLERIE

Loc. Citille, 43/B
50022 Greve in Chianti (FI)
Tel. 055/8544466

Der toskanische Zweigbetrieb der in Formigine/Modena ansässigen Destillerie, die bevorzugt für Winzer tätig wird. Um ihren toskanischen Kunden den Transport der Trester nach Modena zu ersparen, wurde diese Destillerie in Greve mitten im Chianti-Gebiet gegründet. Hier können sich die Winzer für die traditionelle Destillation im Wasserbad-Alambic oder für die modernere, etwas kostensparendere Destillation unter Dampf entscheiden.

BONOLLO, DISTILLERIE

Via Mosca, 5
41043 Formigine (MO)
Tel. 059/558015

Luigi Bonollo war mit der erste Destillateur, der verstand, dass ein Wein-Boom auch einem Brenner zum Erfolg verhelfen kann: Konsequent verlegte er nach dem ersten Weltkrieg die von seinem Vater in Venetien gegründete Destillerie nach Formigine in die Emilia-Romagna. Dort lief die weltweite Nachfrage nach süßem, schäumendem Lambrusco zusammen – die bereits mit dem roten Most vergorenen Trester erhielt Luigi für wenig Geld. Die daraus destillierte Grappa verkaufte er parallel zum Wein und nutzte das so entstehende Kapital

∧ Klassisches Destilliergerät bei Bonollo

zum Ausbau seiner Destillerie. Heute ist Bonollo der weltweit größte Erzeuger von Tresterbränden. Der große Erfolg hat nicht zu Abstrichen an der Qualität geführt: Bonollo ist beliebte Lohnbrennerei für Top-Weingüter in ganz Italien.

BORGHI

>Bosco del Merlo.

BORGOGNO, FRATELLI SERIO E BATTISTA

Via Crosia, 12
Loc. Cannubi
12060 Barolo (CN)
Tel. 0173/56107
serioborgogno@libero.it

Piemontesische Weingut-Destillerie; vor allem die Grappa di Barolo Cannubi fiel positiv auf.

BOSCO DEL MERLO

Via Postumia, 12
30020 Annone Veneto (VE)
Tel. 0422/768167

Das Weingut der venetischen Geschwister Roberto, Carlo und Lucia Paladin, zu dem auch die Destillerie Borghi und die Kellerei Valentino Paladin gehören. Neben einer Winzergrappa aus dem biologisch bewirtschafteten Weingut entstehen in der Destillerie hochwertige Monovitigno-Grappe, die die Aromen ihrer Heimat am Rande der Lagune von Venedig widerspiegeln.

BOSCO, NESTORE

>Montepulciano

BOSSO, ANTICA GRAPPERIA

Via Stazione, 5
14020 Cunico Monferrato (AT)
Tel.0141/906198

Die alteingesessene Grappadestillerie im piemontesischen Cunico Monferrato profitierte von Anbeginn von den kurzen Transportwegen der frischen Weintrester: von der Lesezeit bis zum ersten Abstich der edlen Rotweine des Piemonts stehen hier die Brennblasen nicht still. Vor allem die Grappa di Barolo wird Jahr für Jahr zu einem Genuss.

BOTRYTIS

Charakteristisches Geschmacks- und Farbmerkmal edelsüßer Weine. Der Befall von vollreifen, besonders süßen Weißweintrauben mit dem Schimmelpilz Botrytis Cinerea sorgt für die erwünschte Edelfäule, die die Aromafülle des Weines vergrößert und die Farbe um einen tiefen Goldton bereichert. Grappe aus edelfaulen Trestern sind wegen der schwierigen Fermentation selten, im Erfolgsfall aber unbedingt zu empfehlen.

BOTTE

> Lagerung.

BOTTEGA, DISTILLERIA DI SANDRO BOTTEGA & C.

VIA S. URBANO, 18
31010 PIANZANO DI GODEGA (TV)
TEL. 0438/430385

Nahe der Prosecco-Hauptstadt Conegliano liegt die renommierte Destillerie von Sandro Bottega. Schon zu Beginn des Grappabooms erkannte der Destillateur die Möglichkeiten, die in sortenreinen Edelgrappe steckte. Inspiration und Hersteller für eine ebenso edle Verpackung fand er in Treviso, einer Stadt mit ähnlich langer Glasbläsertradition, wie sie das benachbarte Murano aufweist. Seither gehören die unter dem Namen Bottega Club und Alexander vermarkteten Grappe zu den beliebtesten in Italien und sind auch hierzulande erfolgreich.

BRACHETTO

Rare und interessante Rotweinsorte, aus der moussierende Dessertweine mit feinen Tanninen entstehen. Die Grappe aus Brachetto sind in der Regel aromaintensiv und eher mild.

BREZZA

VIA LOMONDO, 4
12060 BAROLO (CN)
TEL. 0173/56354

Mitten in Barolo, mit schönem Blick auf das Castello, liegt das Hotel-Restaurant der Familie Brezza, zu dem auch ein Weingut gehört. Die hier entstehenden Barolo gehören zu den besten Italiens, sie waren wiederholt dem Weinführer Gambero Rosso die höchste Auszeichnung Tre Bicchieri wert. In der renommierten Destillerie > Montanaro lässt man Grappa di Barolo brennen, die allerdings nur im Restaurant als Digestif ausgeschenkt wird und nicht in den Verkauf gelangt.

BRICCO MONDALINO

LOCALITÀ MONDALINO
15049 VIGNALE
MONFERRATO (AT)
TEL. 0142/933204

Im Piemont wachsen nicht nur Nebbiolo-Trauben, aus denen Barolo und Barbaresco gekeltert werden. Dem unermüdlichen Einsatz des Weinhändlers und Winzers Gaudio Amilcare seit den siebziger Jahren des vergangenen Jahrhunderts ist es zu verdanken, dass man heutzutage auch Weine aus Barbera und Grignolino schätzt. Mittlerweile hat Amilcares Sohn Mauro das Gut übernommen. Die Grappa des Gutes entsteht aus edelsüßen Trestern der Malvasia di Casorzo d'Alba und wird im Weingut im dampfbeheizten Alambic gebrannt.

BROVIA

VIA ALBA BAROLO, 54
12060 CASTIGLIONE FALLETTO (CN)
TEL 0173/62852

Barolo-Weingut, das sich besonders auf die Erzeugung von traditionell wuchtigen Barolos spezialisiert hat. Der Wunsch nach kraftvollen Tanninen sorgt für ausgiebige Maischegärung des Weines, die auch den Trestern zugute kommt. So wundert es nicht, dass daraus eine elegante und besonders aromaintensive Grappa di Barolo entsteht, die allerdings nur in kleinen Mengen verfügbar ist.

BRUNELLO

Rotweinsorte; eine Spielart der Rebsorte Sangiovese. Daraus entsteht einer der berühmtesten Weine der Toskana, der Brunello di Montalcino. Der Rosso di Montalcino stammt aus derselben Traube und gewinnt zunehmend an Bedeutung.

BRUNELLO, DISTILLERIA DEI FRATELLI

VIA G. ROI, 33
36047 MONTEGALDA (VI)
TEL. 0444/737253
1840 gegründete Grappadestillerie, die sich bis heute in Familienbesitz befindet. Im Vergleich zu anderen Destillerien mag die Produktionsmenge bescheiden wirken, allerdings stimmt die Qualität. So wundert es nicht, dass sich die Destillerie in den letzten Jahren zum Geheimtipp für renommierte Winzer entwickelt hat, die sich die Destillation von Charaktertropfen aus ihren Trestern wünschen. >Caparzo, Quintarelli.

BRUNORI, AZ. AGR.

VIALE DELLA VITTORIA, 103
60035 JESI (AN)
TEL. 0731/207213
Seit 1956 in S. Paolo di Jesi in den Marken bestehendes Weingut im Zentrum der Verdicchio dei Castelli di Jesi-Produktionszone. Neben verschiedenen Lagen-Verdicchio wird auch etwas Rotwein angebaut: Rosso Conero DOC, Rosso Piceno DOC und Lacrima di Morro d'Alba DOC. Seit 5 Jahren lassen die Brunoris auch Grappa destillieren: die fassgereifte Grappa di Verdicchio San Nicolò und die Rotwein-Grappa di Lacrima di Morro d'Alba. Leider sind diese raren Grappe nur vor Ort zu probieren und zu kaufen.

BUIESE, DISTILLERIA REMO

VIA SPILIMBERGO, 182
33035 MARTIGNACCO (UD)
TEL. 0432/677155
Kleine Destillerie mit stark qualitätsbezogenem Ansatz, Mitglied im Consorzio per la Tutela della Grappa Friulana. Die Grappe sind leider nur schwer erhältlich.

∧ Blick in den Innenhof von Bosco del Merlo.

C

CA' DEL SOL

Loc. Casa Atonia, 1
37010 Pacengo di Lazise (VR)
Tel. 045/6490008

In Aussichtslage, umgeben von Weinbergen und Obstgärten, liegt dieses kleine Öko-Weingut mit einigen freundlichen Gästezimmern unweit von Verona im Veneto. Neben Wein, Obst, Marmelade und Öl wird auch etwas Grappa erzeugt, deren Probe sich lohnt.

CABERNET SAUVIGNON

Cabernet Sauvignon ist mittlerweile eine der wichtigsten Rebsorten der Welt und wird in ganz Italien angebaut. In der Toskana bilden die Cabernet-Trauben gerne in Kombination mit Sangiovese die Grundlage für die Cuvée der Super-Toskaner, deren Trester oft zu Grappa gebrannt werden >San Guido. Cabernet eignet sich aber auch sehr gut zur Herstellung von Monovitigno-Grappa >Istituto Agrario di San Michele, Castello Banfi.

CABERT – CANTINA DEL FRIULI CENTRALE DI BERTIOLO

Via Madonna, 27
33032 Bertiolo (UD)
Tel. 0432/917434

Genossenschaftskellerei im Friaul, in der auch Grappa entsteht: aus Mischsatz-Trestern die Grappa di Cabert und eine Grappa Friulana sowie die sortenreinen Grappe di Chardonnay, Sauvignon und Grappa di Traminer.

CABUTTO

Tenuta La Volta
Loc. La Volta, 13
12060 Barolo (CN)
Tel. 0173/56168

1920 gegründetes Weingut im Piemont, wo heute von Vater Bartolomeo und den Söhnen Osvaldo und Bruno Cabutto 32 ha Weinbergsfläche bewirtschaftet werden, die hauptsächlich mit Nebbiolo bestockt sind. Aus den Trestern lässt man eine Grappa di Barolo brennen.

CA'D CARUSSIN

Reg. Mariano, 11
14050 San Marzano
Oliveto (AT)
Tel. 0141/831358

1927 gegründetes Familienweingut in der Weinbauregion Asti. Die Hügel von Nizza Monferrato sind nicht nur gutes Weinland, sie sind auch als Ferienziel beliebt: Konsequenterweise baute die Familie Ferro ihren regionaltypischen Winzerhof zum Agriturismo-Angebot aus und verwöhnt die Gäste nicht nur mit Wein, sondern auch mit Grappa di Barbera.

CAGNINA,

Rebsorte, >Refosco.

CALO' & FIGLI

Az. Vinicola Michele
via Masseria Vecchia I
73058 Tuglie di Salento (BA)
Tel. 0833/596242

Das Weinhaus ist eines der ersten am Platze in Salento, Apuliens Weinstadt. Hier werden nicht nur Weine erzeugt und vermarktet, sondern auch die eher seltenen Grappe Apuliens.

CAMEL, DISTILLERIE

Via della Roggia
Marsure di Sotto
33100 Povoletto (UD)
Tel. 0432/664144
o. 0432/679071

Traditionelle Grappadestillerie, deren Erzeugnisse vor allem in der italienischen Gastronomie beliebt sind. Mitglied im Consorzio per la Tutela della Grappa Friulana.

CANAIOLO NERO

Für den Chianti ist die rote Canaiolo Nero neben Sangiovese eine der wichtigsten Traubensorten. Unverzichtbar in der Cuvée, bringt sie sortenrein nur selten hervorragende Weine. Entsprechend rar auch Monovitigno-Grappe aus Canaiolo Nero. Von der Sorte findet sich auch eine weiße Spielart.

CANNONAU

Die wichtigste Sorte Sardiniens, die Cannonau, ist verwandt mit der französischen Grenache und der spanischen Garnacha. Sie wird in Italien sowohl für trockene als auch für süße Weine verwendet und erbringt bei qualitätsorientierter Erzeugung ausgezeichnete Rotweine. >Argiolas, Antichi Poderi Jerzu.

CANTINA

>Etikett.

CANTINA DEL CASTELLO

di Arturo Stocchetti
Corte Pittora, 5
37038 Soave (VR)
Tel. 045/7680093

Weingut mit Sitz im Palazzo dei Conti Sambonifacio (13. Jh.) in der Altstadt von Soave. In den Kellern, die sich teilweise bis in mittelalterliche Geheimgänge tief in den Felsen von Soave erstrecken, reift neben den Weinen der DOC auch eine Grappa di Recioto di Soave.

CANTINA DEL TABURNO

Via Sala, 82030 Foglianise (BN)
Tel. 0824/871338

Zwischen Benevento und Capua auf geschichtsträchtigem Boden am Fuße des Monte Taburno gelegenes

Wein- und Landgut. Die konsequente Umsetzung der Vorteile des vulkanischen Bodens, der Höhenlage und des milden Klimas sorgt für interessante Weine, zu denen auch

der nur selten anzutreffende Aglianico del Taburno gehört. Aus den Trestern werden ebenso wie aus dem weißen Falanghina bei Bonollo in Modena nach traditioneller Art im Dampf-Alambic empfehlenswerte Grappe destilliert.

CANTINA DEL VERMENTINO

Società Cooperativa Monti (SS)
Via San Paolo, 2
07020 Monti (SS)
Tel. 0789/44012

Sardische Genossenschaftskellerei, die sich auf die Rebsorte >Vermentino spezialisiert hat. Für die Grappa der Cantina werden Trester des DOCG-Weines Vermentino di Gallura verwendet, deren Reben auf Granitverwitterungsböden wachsen. Die Destillation findet im aufwendigen Wasserbad-Alambic statt und sorgt für eine aromareiche, dabei milde Grappa mit floral-fruchtigem Aroma.

CANTINA DELL' ABBAZIA DI NOVACELLA

Stiftskellerei Neustift
Frazione Varna, Via Novacella, 1
39040 Bressanone (BZ)
Tel. 0472/836189

Die Kellerei der 1142 gegründeten Augustinerabtei von Brixen in Südtirol gehört zu den ältesten und renommiertesten Weingütern Italiens, wobei die angegliederte Landwirtschaftsschule die Grundlagen für den generellen Aufschwung von Südtirol/Alto Adige zur geschätzten Anbauregion legte. Drei Weingüter nahe Bozen gehören zur Abtei. Grappa wird hier eher zu Schulungszwecken der Landwirtschaftsschule destilliert und die Ergebnisse können sich sehen lassen, sofern man an eine Kostprobe der raren Destillate kommt. Am besten vor Ort einmal nach der Grappa di Gewürztraminer fragen!

CANTINA DI CODROIPO, DISTILLERIA

Viale Vittoria, 14
33033 Codroipo (UD)
Tel. 0432/900 90

Weingut-Destillerie der Genossenschaft von Codroipo in Friaul, wo man sich sehr stark um Qualität bemüht. Konsequenterweise ist die Destillerie der Genossenschaft Mitglied im Consorzio per la Tutela della Grappa Friulana.

CANTINA SOCIALE LAGUNDO – KELLEREI ALGUND

Via dei Portici (Laubengasse) 218
39012 Meran (BZ)

Die frühere Algunder Genossenschaftskellerei ist mittlerweile nur noch eine Brennerei. Seit dem Zusammenschluss 1984 mit der benachbarten Genossenschaft in Marling zur Burggräfler Kellerei wird in Algund ausschließlich gebrannt: das aber professionell und auf hohem Niveau. Nur die besten Trester der Mitglieder werden quasi als Genossenschaftshobby gebrannt und in den pittoresken Verkaufsräumen der alten Kellerei in der Laubengasse in Meran verkauft. Mit der Schutzmarke »Südtiroler Grappa« kommt die »Grappa Algunder Treber 50%vol.« auf den Markt, die im Wasserbad-Alambic gebrannt wurde. Das Burggrafenamt in Südtirol ist Rotweingebiet. Als Spezialität wird deshalb zusätzlich die Grappa Pinot Noir gebrannt, deren Trester aus Blauburgundertrauben erster Qualität stammen, die in den Weinbergen des Tiefenthalerhofs in Pinzon bei Montan im Südtiroler Unterland geerntet wurden.

CANTINA TRE CASTELLI SCRL

Via De Gasperi, 92
15010 Montaldo Bormida (AL)
Tel. 0143/851 36

Kellerei im Piemont, deren Grappe vor Ort sehr geschätzt werden, etwa die »weiße«, also junge Grappa di Dolcetto oder der 10 Jahre lang im Fass gereifte Tresterbrand aus der gleichen Rebsorte.

CANTINE DELLA VALTENESI E DELLA LUGANA

Via Pergola, 2
25080 Moniga del Garda (BS)
Tel. 0365/50 20 02

Genossenschaftskellerei am Südufer des Gardasees mit 90 Mitgliedern, die neben Wein auch Olivenöl und Spumante erzeugen. In der Genossenschaft werden sortenreine Grappe destilliert: Grappa di Groppello und Grappa di Lugana.

CANTINE MEZZOCORONA

Via 4 Novembre, 127
38016 Mezzocorona (TN)
Tel. 0461/60 51 63

Genossenschaftskellerei im Trentino mit internationalem Ruf. Wichtigste Rebsorte ist der autochthone Teroldego, der auf den Schwemmlandböden des Campo Rotaliano feinfruchtige, ausdrucksstarke Rotweine ergibt. Aus den Trestern entsteht die Grappa di Teroldego Rataliano, die nur in limitierter Menge angeboten wird.

CAPANNA

Località Capanna, 333
53024 Montalcino (SI)
Tel 0577/848298

Als Benito Cencioni 1957 das Gut Capanna in Montalcino kaufte, war es noch ein typischer toskanischer Mischbetrieb mit Getreideanbau, Viehzucht und Olivenkulturen. Schnell fand der interessierte Önologe heraus, dass seine im Ortsteil Montosoli gelegenen Weinberge zu den besten Lagen Montalcinos gehören. Heute konzentrieren sich Benitos Söhne Patrizio und Enrico Cencioni auf den Weinbau. Das Gut zählt mittlerweile zu den gefragtesten Adressen für Brunello- und Rosso di Montalcino-Weine, die beide auf traditionelle Art und Weise produziert werden. Auch die lokale Dessertweinspezialität Moscadello, ein angenehm leichter Süßwein aus der aromatischen Muskateller-Rebe, sowie das hochwertige, kaltgepresste Öl lohnen einen Abstecher zum Gut. Die Grappa di Brunello wird nach traditioneller Art aus den noch saftigen Brunellotrestern gebrannt und ist aromatisch und würzig. Die Grappa di Brunello Riserva wird einige Zeit im Eichenfass gelagert.

CAPANNELLE AZIENDA VINICOLA

Località Capannelle, 13
53013 Gaiole in Chianti (SI)
Tel.0577/749691

Noch keine 30 Jahre alt ist dieses Chianti-Weingut, dessen Weine merklich an internationalen Erwartungen orientiert sind. In der Konsequenz wird hier auch die Produktion von Grappa an den hohen Erwartungen der kundigen Kundschaft orientiert: Direkt nach dem Abstich des Chianti Classico DOCG werden die Trestercontainer gepackt und zur benachbarten Destillerie von >Bonollo gebracht, wo sie sofort destilliert werden können. Nach der vorgeschriebenen Reifephase wird die Jahrgangsgrappa in kleinen Eichenfässern ausgebaut, bis sie harmonisch, weich und aromatisch zur Abfüllung kommt.

CAPARZO, TENUTA

Località Torrenieri
53024 Montalcino (SI)
Tel. 0577/842590

Vor 30 Jahren begann die Renaissance des toskanischen Weinbaus. Immer häufiger kauften finanzkräftige Investoren aus den Industriemetropolen Norditaliens den durch die Krise des italienischen Weinbaus angeschlagenen Chianti-Winzern ihre besten Weinberge ab, fügten sie zu einem neuen Gut zusammen und scheuten keinerlei Mühe, dort hochwertige Weine zu erzeugen. Eines der erfolgreichsten Beispiele dafür ist die Tenuta Caparzo, die 1970 auf schon in der Antike besiedeltem Gelände gegründet wurde. Der mittelalterliche Lagenname »Ca'Pazzo« – Haus des Narren, gab dem aufstrebenden Gut den Namen, der bald für Brunello und die Chardonnay-Cuvée »Le Grance« berühmt wurde. Aus deren Trestern entsteht die Grappa di Chardonnay Le Grance, die in den Fässern des Le Grance ausreift. Ebenfalls hochwertig die Grappa di Brunello aus den Trestern des Brunello di Montalcino, die bei Fratelli Brunello in Venetien destilliert und dann in Fässern aus Eichenholz gelagert wurde.

CAPEZZANA, TENUTA DI

Località Seano
Via di Capezzana, 100
50040 Carmignano (PO)
Tel. 055/8706005

Eine lange Geschichte zeichnet dieses renommierte Chianti-Weingut aus: Wie ein Dokument aus dem Jahre 804 belegt, wird hier schon seit nahezu 1200 Jahren Weinbau betrieben. Heute befindet sich das Gut im Besitz der Conti Contini Bonacossi, Önologe ist Alberto Bramini. Schon vor Jahrhunderten baute hier ein Contini Bonacossi Cabernet-Sauvignon-Trauben an, deren Reben er aus Bordeaux eingeführt und hier ausgepflanzt hatte. Sein Nachfahr Conte Ugo setzte durch, dass die Erzeuger in Carmignano deshalb ihren Chianti völlig legal mit Cabernet abrunden dürfen – und veränderte damit das Sortenprofil der Chianti-Cuvée in entscheidender Weise. Die Grappa des Hauses wird aus den Trestern des roten Carmignano bei Gioacchino Nannoni in Paganico destilliert und reift 15 Monate in Barriques aus Limousin-Eiche.

CAPICHERA DEI F.LLI RAGNEDDA, CANTINA

LOCALITA' CAPICHERA
07021 ARZACHENA (SS)
TEL. 0789/80612

Die Brüder Ragnedda haben Mut zum eigenen Profil: Obwohl ihr Wein aus der sardischen Vorzeigerebe Vermentino als Vermentino di Gallura DOCG verkauft werden könnte, bieten sie die »Bombe« nur als Tafelwein unter dem Namen ihres Weingutes Capichera an und folgen damit dem großen Vorbild der ›Super-Toskaner‹-Tafelweine. Konsequenterweise wird auch die Grappa aus den Trestern als Grappa di Capichera angeboten, obwohl sie auch als Monovitigno-Grappa di Vermentino bezeichnet werden könnte.

CAPOVILLA, VITTORIO

CA'DOLFIN
VIA GIARDINI, 12
36027 ROSÀ (VI)
TEL. 0424/581222

Wenige Jahre haben genügt, um Vittorio Capovilla an die Spitze der italienischen Brennerszene zu katapultieren. 1996 konnte ich seine faszinierenden Grappe und Obstbrände das erste Mal probieren und spürte sofort, dass hier ein Künstler an der Brennblase stand. Ein Künstler, der als ehemaliger Formel-1-Mechaniker so viel von Technik versteht, dass er heute gleich mehrere Patente für Neuentwicklungen in der Brenntechnologie vorweisen kann. Seine maßgeschneiderte Brennanlage aber ist es nicht alleine: von Nachbarn und Freunden erhält Vittorio Capovilla bestes Obst und frische, sehr feuchte Trester. Top-Rohmaterial, überlegene Technik, das Gefühl für optimales Timing und die überaus feine Zunge des Meisters sorgen für Brände, die jeder Spirituosenfan einmal probiert haben muss!

CAPRAI, TENUTA VAL DI MAGGIO DI A. CAPRAI

LOCALITÀ TORRE
06036 MONTEFALCO (PG)
TEL. 0742/378802

In vielem erinnert Umbrien an die benachbarte Toskana. Wie eigenständig die mittelitalienische Weinbauregion allerdings ist, belegen vor

allem die kraftvollen Rotweine aus der althergebrachten Rebsorte Sagrantino und die kernigen, stoffigen Weißweine aus der »Griechentraube« Grechetto, die um Montefalco angebaut werden. Zu den Top-Erzeugern der Region zählt Arnaldo Caprai, der aus den Sagrantino- und aus den Grechetto-Trestern auch gelungene Grappe destillieren lässt.

CA' ROSSA

VIA CELLAIMO, 735
47032 BERTINOVO (FO)
TEL. 0543/445130

Östlich von Bologna in den Hügeln der Romagna gelegenes Weingut, das auch zwei Grappe erzeugt: die Grappa di Albana und eine rare

Grappa di Cagnina aus der hier heimischen, mit der Refosco des Friauls verwandten roten Sorte Cagnina.

CARPENÈ MALVOLTI

Via A. Carpenè, 1
31015 Conegliano (TR)
Tel. 0438/235 31

Sektkellerei, die zu den führenden Erzeugern von Spumante und Prosecco in Italien gehört. Der Gründer des Unternehmens, Dr. Antonio Carpenè, erfand das Charmat-Verfahren, nach dem heute noch die Mehrheit des schäumenden Weins

aus der Rebsorte Prosecco im nördlichen Venetien hergestellt wird. Dadurch wurde der Name Carpenè Malvolti quasi zum Synonym für Prosecco. Heute werden auch Rot- und Weißweine aus Reben der Pinot-Familie gekeltert, sowie Grappe destilliert, die sich gleichfalls eines guten Namens rühmen können.

CARRETTA, TENUTA

Loc. Carretta
12040 Piobesi d'Alba (CN)
Tel. 0173/619119

Piemonteser Weingut in den Roero-Bergen, das sich dank konsequenter Bemühungen und hoher Investitionen auf dem Vormarsch befindet. Schon jetzt empfehlenswert: die Grappa di Arneis.

CASAL DE' CUCCHI

Loc. Petrignano
Vocabolo I Cucchi
06061 Castiglione del Lago (PG)
Tel. 075/952811 o. 337/653583

Auf den sanften Hügeln oberhalb des Trasimeno-Sees an der Grenze zur Toskana wachsen in den Weinbergen des Gutes die traditionellen Rebsorten der Region, aber auch Chardonnay. Schonend gepresst, entstehen daraus empfehlenswerte Weine, aber auch reine, sortentypische Grappe.

CASALE

Via S. Martino
Casale, 150
50052 Certaldo (FI)
Tel. 0571/66 92 62

Bio-Weingut mit umfangreicher, landwirtschaftlicher Produktion von Wein, Öl, Müsli, Pasta, eingelegtem Gemüse, Käse und Trockenfrüchten. Agriturismo. Die Grappa di Chianti wird aus dem Mischsatztrester bei Nannoni in Paganico destilliert und ist nur in Kleinmengen verfügbar.

CASALE DEL BOSCO, TENUTA

Località Casale del Bosco
53024 Montalcino (SI)
Tel. 0577/80 82 69

Eines der weniger bekannten Weingüter in Montalcino, das regional eher für seinen Malvasia bekannt ist. Die daraus entstehende Grappa di Malvasia gehört zu den gelungenen Varianten dieser Aroma-Grappe, aber auch die Grappa di Brunello ist probierenswert.

CASANOVA DI PESCILLE

Loc. Pescille
53037 San Gimignano (SI)
Tel. 0577/941902

Toskanisches Weingut in einem aus dem 19. Jahrhundert stammenden Gutshaus mit Panoramablick über die Geschlechtertürme von San Gimignano. Neben Wein und Olivenöl wird auch eine Grappa di Vernaccia di San Gimignano erzeugt. Agriturismo.

CASCINA BRUNI DI VEGLIO GIUSEPPE

Via Alba, 6
12050 Serralunga d'Alba (CN)
Tel. 0173/613208

In der Region für seine Grappa di Nebbiolo da Barolo bekanntes Weingut, die sich durch besondere Weichheit und Eleganz auszeichnet. Nur kleine Mengen der mit 50%vol. sehr hochprozentigen, aber dennoch runden Grappa sind vor Ort verfügbar.

CASCINA CASTLÈT

Strada Castelletto, 6
14055 Costigliole d'Asti (AT)
Tel. 0141/966651

Mariuccia Borgo gehört seit vielen Jahren zu den engagiertesten Weinfrauen in Italien. In ihrem in den Hügeln von Asti gelegenen Weingut widmet sie sich vor allem der Bewahrung der alten Barbera-Traditionen, experimentiert daneben aber vorzeigbar erfolgreich mit modernen Weinbautechnologien und -strategien. So entstehen sehr unterschiedliche, aber immer lohnende Weine: Der sortenreine Passum wird aus luftgetrockneten Trauben der Barbera gekeltert, der Litina zeigt die Barbera von der fruchtigen Seite, der mit Cabernet abgerundete und im Barrique ausgebaute Policarpo ist kraftvoll und elegant zugleich. Daneben widmet sich Mariuccia Borgo auch anderen Spezialitäten ihrer Heimat, dem moussierenden Moscato d'Asti etwa, und keltert aus luftgetrockneten Moscatotrauben den Aviè genannten Dessertwein. Aus den Trestern des Barbera Passum, des Policarpo und des Aviè entstehen nach traditioneller Methode im Wasserbad-Alambic sortenreine Grappe, deren Aromareichtum und Eleganz bezaubern.

CASCINA FONDA

Loc. Cascina Fonda, 45
12056 Mango (CN)
Tel. 0173/677156

Erst seit 15 Jahren besteht diese Cascina, deren Inhaber Marco und Massimo Barberi sich neben der Erzeugung der klassischen Piemonteser Roten vor allem auf den Anbau von Moscato d'Asti spezialisiert haben. Neben Spumante wird daraus auch durchaus gelungene Grappa, etwa die Grappa di Moscato Barrique und die weiße Grappa di Moscato.

CASCINA LA MADDALENA

Loc. Piani del Padrone, 257
15078 Rocca Grimalda (AL)
Tel. 0143/876074

Piemonteser Weingut. Aus den Trestern des Dolcetto di Ovada wird in der renommierten Destillerie Berta in Nizza Monferrato die Grappa del Bagatto erzeugt.

CASETTA, FRATELLI

Via Castellero, 5
12040 Vezza d'Alba (CN)
Tel. 0173/65010

Barolo-Weingut, in der Enoteca Regionale del Barolo mit der damit als ›Piemonteser Vorzeige-Grappa‹ gewürdigten Grappa di Barolo vertreten.

CASTELGIOCONDO DEI MARCHESI DE' FRESCOBALDI

Tenuta di Castelgiocondo
53024 Montalcino (SI)
Tel. 0577/848492

Die Markgrafen von Frescobaldi gehören zu den bekanntesten Weinerzeugern Italiens. Ihr toskanisches Vorzeigegut Castelgiocondo liegt in Bestlage von Montalcino und verfügt über zahlreiche Südhanglagen, die den Sangiovese-Reben optimale Wachstumsmöglichkeiten sichern. Neben Wein wird natürlich auch Grappa produziert. Dass es sich hierbei um ein Spitzenprodukt handelt, ist der Marchese Frescobaldi seinem Ruf schuldig und er hält sich daran! Dass auch Experimente gelingen, beweist die Grappa »Luce« aus dem Joint Venture mit Roberto Mondavi.

CASTELLANI, MICHELE

Frazione Valgatara
Via Granda, 1
37020 Mariano di Valpolicella (VR)
Tel. 045/7701253

Sergio Castellani ist heute Chef des veronesischen Familienweingutes im Zentrum des Valpolicella-Gebietes. Ein geduldiger Winzer, denn seine in der Jugend verschlossen wirkenden Weine brauchen Zeit und die sollen sie im eigenen Keller finden. Ein Konzept, das aufgeht. Aus dem ausgezeichneten Amarone di Valpolicella I Castei lässt Sergio Castellani Grappa brennen und gönnt auch dieser die nötige Zeit zur Reife. Das Ergebnis kann sich sehen lassen.

CASTELLARE DI CASTELLINA

Località Poderi Castellare
53011 Castellina in Chianti (SI)
Tel. 0577/740490

Dottore Paolo Panerai ist Wein- und Geldmacher aus Leidenschaft. Beste Voraussetzungen für sein Lieblingsprojekt, das Weingut Castellare di Castellina, dessen toskanische Spitzentropfen regelmäßig Aus-

> folgende Doppelseite: Eingelegtes Gemüse des Bio-Weingutes >Casale.

APRIRE

zeichnungen einheimsen können. Erstklassig auch die Grappe des Hauses.

CASTELLO BANFI

Località
San Angelo Scalo
53020 Montalcino (SI)
Tel. 0577/840111

Seit 25 Jahren leitet der Spitzen-Önologe das 1977 von den amerikanischen Weinimporteuren Harry und John Mariani gegründete Weingut in Montalcino – mit Erfolg, wie die regelmäßigen Auszeichnungen bei Verkostungen belegen. Viele der hier erzeugten Weine sind eher blumig-intensiv vinifiziert, da sie vorwiegend für den amerikanischen Markt ausgebaut wurden. Anders die regionalen Klassiker wie der in großen Eichenfässern ausgebaute Brunello di Montalcino Riserva Poggio all'Oro. Zum Besitz von Banfi gehören auch Weinberge im Piemont. Aus den Trestern entstehen sortenreine Grappe, bei denen Design und Qualität stimmen.

CASTELLO DI CACCHIANO

Loc. Monti in Chianti
53013 Gaiole in Chianti (SI)
Tel. 0577/747018
o. 055/2657842

In dieser historischen Burg inmitten der Chianti-Hügel wird Weinbau ernst genommen und Grappa geliebt. Aber auch das Öl aus den Olivenhainen rund um die Burg lohnt den Besuch, trotz der großen Konkurrenz am Ort, denn hier wird Öko-Landbau betrieben.

CASTELLO DI GABBIANO

Beringer Blass Italia
Località Castello di Gabbiano
50024 Mercatale
Val di Pesa (FI)
Tel. 055/811053

Toskanischer Adelssitz aus dem Jahre 1124, wo man schon seit Jahrhunderten Wein in allerdings eher unbedeutenden Mengen anbaute. Vor zwanzig Jahren änderte sich das, als das Gut von der Investmentfirma des Mailänder Machers Rino Arcaini aufwendig zu einem Mustergut umgestaltet wurde. Mit Erfolg, die

^ Castello di Lucignano in den malerischen Chiantihügeln der Toskana.

Weine von Gabbiano und auch die hier erzeugten Grappe gehören seither zur Spitzenkategorie in Italien. Seit zwei Jahren gehört das Gut dem amerikanischen Weinunternehmen Beringer Blass Wine Estates.

CASTELLO DI LUCIGNANO

LOCALITÀ LUCIGNANO
53010 GAIOLE IN CHIANTI (SI)
TEL. 0577/747810

Junges, sehr dynamisches Weingut in einem alten Kastell in den Chiantihügeln der Toskana. Stefan Schué und seine engagierten Mitstreiter erzeugen in pittoreskem Umfeld nicht nur probierenswerten Wein, sondern auch Grappa und Olivenöl auf hohem Niveau. Besuch lohnt – hier kann man noch Neuland entdecken.

CASTELLO DI QUERCETO

LUCOLENA, VIA DUDDA, 61
50022 GREVE IN CHIANTI (FI)
TEL. 055/85921

Traditionelles, mehr als 100 Jahre bestehendes Weingut mitten im Chianti-Classico-Gebiet, in dem selbstverständlich auch erstklassige Chianti Classico DOCG produziert werden. Daneben ist das Gut aber auch für seine ›Super-Toskaner‹ bekannt, die derzeit unter den Namen Il Corte, Cignale und Il Querciolaia als IGT-Weine angeboten werden. Die Grappa des Gutes entspricht dem allgemeinen Niveau, ist allerdings recht teuer.

CASTELLO DI RIPA D'ORCIA

LOC. RIPA D'ORCIA
53023 CASTIGLIONE D'ORCIA (SI)
TEL. 0577/697376

In idyllischer Lage inmitten des Orcia-Tales im Chianti-Classico-Gebiet liegt die mittelalterliche Burg, in der Urlauber ebenso willkommen sind, wie Wein- und

Grappafreunde, die auf der Durchreise die Produkte aus ökologischem Landbau probieren möchten.

CASTELLO DEL TERRICCIO

Località Le Barde
Via Bagnoli, 16
56040 Castellina Marittima (PI)
Tel. 050/699709

Ein zunehmend bekannter werdendes Weingut in der nördlichen Toskana, wo unter der Leitung von Dr. Rossi di Medelana neben den Supertoskanern Con Vento und Lupicaia auch erstklassige Grappa und würziges Olivenöl entstehen.

^ Dr. Gian Annibale Rossi di Medelana.

CASTELLO DI VERRAZZANO

Loc. Greti
50022 Greve in Chianti (FI)
Tel. 055/854243 o. 853211

In einer ehemaligen Fluchtburg für den Florentiner Hochadel befindet sich das Weingut mit langer Tradition: Schon seit 1170 wird hier nachweislich Wein angebaut. Aus dem Mischsatz der noblen Weine wird Grappa gebrannt, die das Angebot auf das Beste abrundet.

CASTELLO VICCHIOMAGGIO

Via Vicchiomaggio, 4
50022 Greve in Chianti (FI)
Tel. 055/854078

Auch die Burg von Vicciomaggio kann auf eine mehr als tausendjährige Geschichte zurückblicken, ist als Weingut aber erst seit 1964 hervorgetreten. Heute gehört das Castello zu den etablierten Betrieben der Toskana und bietet ganz selbstverständlich auch Grappe an, deren Preisniveau im oberen Bereich liegt.

CASTELVECCHI, FATTORIA

Castelvecchi, 17
53017 Radda in Chianti (SI)
Tel. 0577/738050

Toskanisches Weingut in den Colli Fiorentini, wo neben Wein und Olivenöl auch Grappa erzeugt wird.

CASTIGLION DEL BOSCO

Località Castiglion del Bosco
53024 Montalcino (SI)
Tel. 0577/807078

Toskanisches Weingut in der Region von Montalcino, in dem neben Brunello und Rosso di Montalcino auch eine Grappa di Brunello sowie feines Olivenöl produziert werden.

CATARRATTO

Im westlichen Sizilien beliebte Rebsorte, die sich dem dort herrschenden, heißen Klima gut anpasst und ihre Säure lange bewahren kann. Sie dient deshalb gerne als »Frischmacher« in einer Cuvée und verleiht einer daraus destillierten Grappa Tiefe.

CAVALCASELLE

>Montresor

CAVE DES ONZE COMMUNES

Village Urbains, 16
11010 Aymavilles (AO)
Tel. 0165/902912

Das Aostatal ist die Nabelschnur zwischen Frankreich und dem Piemont. Wie Perlen auf einer Schnur reihen sich zahlreiche kleine Weinörtchen aneinander. Ihre Weinhänge sind steil, sonnenbeschienen und winzig. Kaum ein Weinbauer hat ausreichend Fläche zum Vollerwerbsweinbau, die meisten Nebenerwerbswinzer haben sich Genossenschaftskellereien wie dem Cave des Onze Communes in Aymaville angeschlossen. Hier beschäftigt man sich nicht nur mit dem Ausbau der 19 verschiedenen Weine mit eigener kontrollierter Herkunftsbezeichnung, hier wird auch mit Freude an der Sache und Sachkunde destilliert: die Genossenschaft ist Mitglied im Istituto Tutela Grappa della Valle d'Aosta, die hier gebrannten Grappe sind rar, nicht eben billig, aber dank vorzüglicher Qualität dennoch preiswert.

CAVES COOP. DE DONNAS

Via Roma, 97
11020 Donnas (AO)
Tel. 0125/807096

Die 1971 gegründete Genossenschaftskellerei von Donnas im Aostatal setzt auf die traditionellen Weine des Aostatals, nutzt aber gleichzeitig die vielfältigen Möglichkeiten, die der Reichtum an hier angebauten Rebsorten bietet. Bei Grappa ist Qualität gefragt: Das Haus ist Mitglied im Istituto Tutela Grappa di Valle d'Aosta. Die Grappe können auch in der Enoteca Regionale della Serra probiert werden.

CAVIT

Via del Ponte 31
38040 Ravina (TR)
Tel. 0461/381711

Trentiner Genossenschaftskellerei, die trotz ihrer Größe für Qualität steht. Besonders die Weine aus dem Programm Progetto Masi (Masi steht für kleinere Weingüter, die ihre Trauben der Genossenschaft zur Verarbeitung überlassen) sind gut. Das zur Genossenschaft gehörende Weingut Maso Toresella lohnt nicht nur wegen seiner Gastfreundschaft, sondern auch wegen seiner spektakulären Lage den Besuch. Die Grappaherstellung steckt leider noch in den Kinderschuhen.

CECCHI, CASA VINICOLA

Loc. Casina dei Ponti, 56
53011 Castellina in Chianti (SI)
Tel. 0577/743024

Seit 1893 bestehendes Chianti-Weingut, dessen Weine zu den besten der Region gehören. Die Grappa des Hauses stammt aus den Trestern des Chianti Classico »Villa Cerna«.

CELLI, VINI PREGIATI

Viale Carducci, 5
47032 Bertinoro (FC)
Tel. 0543/445183

In den sanften Hügeln der Romagna östlich von Bologna wurde schon von den Römern Wein angebaut. Eines der Zentren ist Bertinoro, die Heimat des fülligen, markanten Rotweines aus der Barbarossa-Traube, die nirgendwo sonst in Italien wächst. Eines der besten Weingüter der Region ist das 1966 gegründete Weingut Celli, wo es gelingt, aus der oft flach und ausdruckslos wirkenden Rebsorte Albana di Romagna angenehm säurebetonte Weißweine zu keltern, aus deren Trestern ebenso wie aus denen des Barbarossa Grappa entsteht.

CERETTO

Loc. San Cassiano, 34
12051 Alba (CN)
Tel. 0173/282582

Das Weingut der Brüder Ceretto verfügt über Weinberge in den besten Lagen der Langhe, des Kernlandes des Piemont. Die dort geernteten Trauben werden zu modernen, international orientierten Weinen ausgebaut, die dennoch ihre Herkunft aus bestimmten Terroirs des traditionsreichen Weinbaugebiets nicht verleugnen. Die Trester der Lagen-Weine werden in der hauseigenen Brennerei zu Grappa destilliert und gefallen durch ihre saftige, weinige Art.

CESCHIA, DISTILLERIA

Via U. Foscolo, 2/5
33045 Nimis (UD)
Tel. 0432/790071

Die angesehene und angeblich älteste Destillerie ist Mitglied im Consorzio per la Tutela della Grappa Friulana. Besonders geschätzt werden Grappa Classica, Grappa Gentile (beide aus Ramandolo) sowie der Traubenbrand Uva Est Acquavite d'Uva.

∧ Familie Ceretto.

CHARDONNAY

Die aus dem Burgund stammende Edelsorte erfreut sich wachsender Beliebtheit in Italien. Leider liegt das nicht immer daran, das sich Böden und Mikroklima für den Anbau besonders eigenen: Oft geht es einfach um den Ertragsreichtum und das Image, das Chardonnayweine bei den Käufern genießen. Bei qualitätsorientiertem Anbau sieht das anders aus. Hier gefallen die Chardonnays durchaus. Allerdings: der Grappa-Liebhaber wird nur selten Chardonnay-Grappe zu seinen Lieblingsbränden zählen. Zu selten hält das Destillat, was die Nase versprochen hat – unharmonisch! Dennoch lohnt es sich, die Chardonnay-Grappe renommierter Erzeuger zu probieren. >De Cles, Caparzo.

CHIARLO, MICHELE

STRADA NIZZA-CANELLI, 99
14042 CALAMANDRANA (AT)
TEL. 0141/769030

Ursprünglich Weinhändler, begann sich Michele Chiarlo bald für die Weinerzeugung zu interessieren. Heute gehören zu seinem aktiven und erfolgreichen Gut zahlreiche Weinberge in Spitzenlagen, vor allem im Barolo-Anbaugebiet. Daneben liegt dem umtriebigen Piemonteser die Grappa am Herzen, die er sorten- oder lagenrein aus seinen Trestern brennen lässt. In der Enoteca Regionale del Barolo ist er mit der Grappa di Barolo vertreten.

CIPRIANI, FRATELLI, DESTILLERIE

VIA MOLINI, 12/13
38061 CHIZZOLA (TN)
TEL. 0464/696005

Angesehene Destillerie aus dem Trentino, die auf traditionelle Arbeitsweise setzt und so weiche, ausdrucksstarke Grappe erzeugt.

CLEMENTIN

VIA GALILEO GALILEI, 5
33050 TERZO DI AQUILEIA (UD)
TEL. 0431/32642

Weingut in der historischen Terraferma Venedigs, die heute zum Friaul gehört. Hier wird sehr traditionell gearbeitet. Das gilt auch für die Grappa »Brojli« di Refosco, die aus der autochthonen Rebsorte

Refosco sortenrein und diskontinuierlich im Dampf-Alambic destilliert wurde.

COCCHI SPUMANTI

VIA MALTA, 17
14100 ASTI
TEL. 0141/907083

Zum Piemonteser Weingut >Bava gehörendes, 1891 gegründetes Sektgut, das zu den technologischen Vorreitern seiner Region gehört. Seit 1982 ist Donato Lanati hier der Direktor und bemüht sich in enger Zusammenarbeit mit dem Önologen Giulio Bava um die Weiterentwicklung der Piemonteser Sekttradition, die im Gegensatz zur längst überholten Meinung nicht nur auf übermäßig süßem Asti Spumante beruht. So entsteht eine hochwertige Range nach klassischer Methode versekteter Spumanti sowie sortenreine Sekte aus Chardonnay, Moscato d'Asti und Brachetto d'Acqui. Die Trester des Brachetto und des Moscato werden in der handwerklichen Brennerei von Luigi Bosso in Cuneo in kleinen Kupferbrennblasen diskontinuierlich mit Dampf gebrannt. Die Grappa Dorée di Moscato d'Asti lagert nach der Destillation für drei Jahre in kleinen Fässern aus Piemonteser Eiche.

?! COCKTAILS

»Alle Cocktails sind Mixgetränke, aber nicht alle Mixgetränke sind Cocktails« lautet eine klassische Barregel. Danach sind Cocktails Shortdrinks (mit bis zu 10 cl Inhalt) im Gegensatz zu Longdrinks (bis zu 25 cl Inhalt), die aus einer alkoholischen Basis mit oder ohne Zugabe von nichtalkoholischen Zutaten im Shaker geschüttelt, im Mixglas gerührt oder im Servierglas gemischt werden. So fachlich eng muss man heutzutage die Definition wohl nicht mehr sehen. Und darf nicht nur, sondern sollte sich auch darüber hinwegsetzen, dass Grappa keine typische Mixspirituose ist. Das liegt zum einen daran, dass es zur Zeit der Entstehung der klassischen Barkultur keine guten Grappe gab. Mit ihrem Siegeszug wurden ausdrucksstarke, hochwertige Grappe für die Profis zum Mixen schlicht zu teuer. Zwar gibt es seit vielen Jahren Bemühungen seitens der Erzeuger, zusammen mit führenden Barkeepern Grappa-Cocktails in den Profi- wie Home-Bars zu etablieren. Ein allerdings wenig erfolgreicher Versuch – die aus bodenständigem Ars Vivendi gewachsene Erlebniswelt der Grappa passt nicht in die smarte Unverbindlichkeit moderner Szenebars. Wer dennoch sein Lieblingsdestillat einmal in neuer Gesellschaft erleben möchte, kann Grappa als Basispirituose in nahezu allen klassischen Mixdrink-Kategorien einsetzen, vom Sour über den Fizz, den Highball, Julep, Cooler bis hin zur ›Livia Collins‹:
3 cl Zitronensaft, 2 cl Zuckersirup, 5 cl Grappa und das dann mit Mineralwasser auffüllen.

COL D'ORCIA

Località
Sant'Angelo Scalo
53020 Montalcino (SI)
Tel. 0577/808001

Den Grafen Marone Cinzano gehörendes Weingut in Montalcino, dessen heutiger Chef, Graf Alberto, keine Kompromisse kennt, wenn es um Qualität geht. Entsprechend gelungen auch die Grappa von Col d'Orcia.

COLLA, PODERI

Frazione San Rocco
Seno d'Elvio
12051 Alba (CN)
Tel. 0173/290148

Piemonteser Weingut mit bekanntem Namen. Aus den Trestern des Barolo und Barbaresco werden erstklassige Grappe gebrannt, die als »beispielhaft für die Region« auch in der Enoteca Regionale zu probieren sind und dort verkauft werden.

COLLAVINI

Casa Vinicola
Eugenio Collavini
Loc. Gramogliano
Via della Ribolla Gialla, 2
33040 Corno di Rosazzo (UD)
Tel. 0432/753222

Wein- und Spumantehaus im Friaul, das zu den international erfolgreichen und renommierten Erzeugern Italiens gehört. Aus Grauburgunder-Trestern, die aus den Colli Orientali del Friuli stammen, wird Grappa destilliert, die nach der Herstellung ein Jahr in Edelstahltanks ausreift.

CONTERNO, ALDO

Loc. Bussia, 48
12065 Monforte d'Alba (CN)
Tel.0173/78150

Aldo Conterno gehört zu den Winzern, die die Auszeichnung Tre Bicchieri für ihre Weine in mittlerweile zweistelliger Zahl erhalten haben. Für seine Grappa di Freisa La Busianella verlässt er sich dagegen auf das Können eines Meister-Destillateurs und liefert Paolo >Marolo die Vorlage für einen Brand der Spitzenkategorie.

CONTI FORMENTINI

Via Oslavia, 5
34070 S. Floriano del Collio (GO)
Tel. 0481/884131

In San Floriano del Collio im Friaul im alten Castell der Grafen Formentini liegt das heute zur Gruppo Italiano Vini gehörende Weingut, in dem auch eine aromatische und bukettreiche Chardonnay-Grappa ›del Conte‹ entsteht.

COOS, DARIO

Via Ramandolo, 5
Località Ramandolo
33045 Nimis (UD)
Tel. 0432/790320

Seit Anfang des 19. Jahrhunderts befindet sich das Weingut der Familie Coos in den Colli Orientali del Friuli an der Grenze zu Slowenien. Tradition verpflichtet: Die Weinlese findet immer noch per Hand statt, da das Weingut vor allem über terrassierte Steilhanglagen verfügt, die mit Verduzzo Giallo und mit Picolit bestockt sind. Aus den Lagen-Trestern des spät gelesenen Verduzzo Giallo Il Longhino der DOCG Ramandolo brennt die Destillerie >Ceschia in Udine eine harmonische und ausdrucksstarke Grappa.

CORNALETO

Via Cornaleto, 2
25030 Adro (BS)
Tel. 030/7450554

Die sanften Hügel der Weinberge der Franciacorta umgeben dieses Bio-Gut, wo neben Spumante auch feine Grappe erzeugt werden.

CORTE D'AIBO

Via Marcatore, 15
40050 Monteveglio (BO)
Tel. 051/832583

Nüsse, Süßigkeiten, Wein und Grappa, das sind die Spezialitäten dieses Öko-Landgutes unweit Bolognas, der Stadt, die wegen ihrer Liebe zu gutem Essen und Trinken nicht umsonst liebevoll-zärtlich ›La Grassa‹ – die Fette genannt wird. Hier lohnt sich ein Besuch im Keller.

∧ Im Besitz des Grafen Marone Cinzano: Das >Col d´Orcia.

CORTE DEI MONTINI

Via Emilia di Manzo, 19
27046 Santa Giuletta (PV)
Tel. 0383/899382

Bio-Weingut mit langer Tradition und gutem Ruf – aus dem Trestern werden schonend Grappe gebrannt. Agriturismo.

CORTE DEL CAVALIERE, AZ. AGRICOLA

Strada Baretta, 25
14044 Fontanile (AT)
Tel. 0141/739355

Weingut, dessen kleine, feine Grappa-Produktion fast vollständig vor Ort verkauft wird – gut etwa die Grappa di Bracchetto und die Grappa di Moscato.

CORTESE

Die weiße Cortese-Traube ist seit dem 18. Jahrhundert vor allem im südöstlichen Piemont heimisch. Der wichtigste daraus gekelterte Wein ist der Gavi, der ursprünglich als Konsumwein für die Fischrestaurants an der ligurischen Küste produziert wurde. In den Jahren nach 1960 wurde die Herkunftsbezeichnung Gavi di Gavi durch Ertragsreduzierung und Qualitätsansatz zum Beleg für die exzellenten Möglichkeiten, die in der Cortese stecken. Die frischfruchtige, säurebetonte Art der Cortese-Trauben führt auch zu charaktervollen Tresterbränden, die dank ihrer Kräutertönigkeit den Liebhabern von Grappa >Bianca gefallen.

CORVINA

Die rote Corvina-Traube stammt aus Norditalien und ist einer der Hauptbestandteile des Valpolicella, Amarone di Valpolicella und Bardolino. Aus Corvina werden kraftvolle, reinsortige Weine gekeltert, daher finden sich auch gelegentlich Monovitigno-Grappe di Corvina. >Tinazzi, Guerrieri Rizzardi.

COS

Piazza del Popolo, 34
97019 Vittoria (RG)
Tel. 0932/864042

Ein in Italien besonders für seine botrytistönigen Süßweine bekanntes Weingut, die an den fruchtbaren Hängen des Ätna wachsen. Daneben baut man den kirschroten, fruchtigen Cerasuolo di Vittoria mit Erfolg an. Die auf Sizilien heimische rote Nero d'Avola ergibt zusammen mit etwas Frappato den Trester für die Grappa des Weingutes, die bei Giovanni >Lo Fausci diskontinuierlich gebrannt wird und dann 18 Monate reifen darf, bevor sie in kleinen Mengen in den Verkauf kommt.

COSMO BELLENDA, AZ. AGRICOLA

Via Giardino, 90
Loc. Carpesica
31029 Vittorio Veneto (TV)
Tel. 0438/920025

In der Alta Marca Trevigniana im Veneto gelegenes Weingut, das sich auf die Erzeugung von Prosecco spezialisiert hat, der auch gerne in Venedig getrunken wird. Die Grappa di Prosecco Bellenda stammt von den Weinbergen in Carpescia und wurde mehr als ein Jahr in kleinen Fässern aus slawonischer Eiche gelagert. Daneben wird eine Grappa di Prosecco Col di Luna erzeugt.

CROATINA

> Bonarda.

CROCIANI

Via del Poliziano, 15
53045 Montepulciano (SI)
Tel. 0578/757919

Aus dem seit langem in Familienbesitz befindlichen Weingut von Arnoldo Crociano inmitten der Caggiole-Hügel von Montepulciano kommen nicht nur gute Riservas, sondern auch eine entdeckenswerte Grappa di Vino Nobile de Montepulciano.

CUVÉE

Die meisten Spirituosen und auch viele Marken-Grappe kommen als Verschnitte auf den Markt. Neben dem großen Angebot an Winzergrappa in limitierten Kleinstauflagen wird die Mehrheit der in der Gastronomie beliebten Grappe in der Destillerie zu einer Cuvée zusammengestellt, um den einmal gewonnenen Fan immer wieder mit ›seiner‹ Grappa beliefern zu können. Denn was im englischen Sprachraum als Blend und in der internationalen Weinsprache als Cuvée bezeichnet wird, dient der Schaffung einheitlicher Markenprofile durch wiedererkennbaren Geschmack.
Jedem Verschnitt, ob er nun Blend oder Assemblage oder Coupe genannt wird, liegt ein detailliertes Konzept zugrunde.
Dabei spielen nicht nur Geschmackvorstellungen eine Rolle. Auch das Markenimage, die Marktpositionierung, aktuelle Trends, die nationalen Trinkgewohnheiten des angestrebten Absatzmarktes, aber auch die gewachsene Tradition einer Herstellerfirma sind wichtig. Sind alle diese Überlegungen angestellt und ein Geschmacksprofil entwickelt, wird dieses mit dem Kellermeister durchgesprochen, der als Spezialist die ›Nase‹ eines Spirituosenerzeugers ist. Aus langjähriger Berufserfahrung heraus, durch tagtägliche Verkostungen immer auf dem neuesten Stand, kennt er seine Lagerräume und den Fasskeller in- und auswendig. Jedes Fass, jedes Detail, jede Aromanuance jedes gelagerten Destillats wird vom Kellermeister in Betracht gezogen, um die theoretische Vorgabe der Geschäftsleitung in die Praxis umzusetzen. Die Cuvée kann sich dabei aus mehreren Hundert Einzelproben zusammensetzen, die aus den unzähligen im Verkostungsraum aufbewahrten Probefla-

schen stammen. Ist der vorläufige Verschnitt schließlich abgesegnet, wird die neue Cuvée im großen Maßstab umgesetzt. Nun steht die Handschrift des neuen Destillats in den wesentlichen Details fest. Noch eine Zeit der Harmonisierung, dann kann die ›neue‹ Grappa mit dem gewohnten Geschmack abgefüllt werden.

CUSONA, FATTORIA

Fattoria di Cusona
di Guicciardini Strozzi
Località Cusona, 5
53037 San Gimignano (SI)
Tel. 0577/95 00 28

Weingut in San Gimignano, das sich seit mehr als 700 Jahren im Besitz der Familie Guicciardini befindet. Chef des Gutes ist Girolamo Principe Strozzi Conte Guicciardini, hauptberuflich Juraprofessor in Florenz, daneben aber Weinmacher mit Leib und Seele. Konsequent nobel die Grappa des Hauses aus dem Vernaccia di San Gimignano.

DAL TOSO, RINO & FIGLIO, DISTILLERIA

VIA PILA, 8
32020 PONTE DI BARBARANO (VI)
TEL. 0444/896608

25 km von Vicenza entfernt liegt die traditionell orientierte Destillerie Dal Toso, in der Inhaber Rino nicht nur handwerklich sauber arbeitet, sondern sich auch gerne über die Schulter schauen lässt: Alljährlich nimmt die Brennerei an der Aktion »Distillerie Aperte« (offene Destillerie) teil, die vom lokalen Verband der Qualitätsbrenner organisiert wird.

DALPAS, IVO, DESTILLERIE

CASTELLETTO DI TON
38010 TON (TN)
TEL. 0461/602300

Angesehene Destillerie aus dem Trentino, für ihr traditionelle Arbeitsweise bekannt.

DAMILIANO

VIC. S. SEBASTIANO, 2
12060 BAROLO (CN)
TEL. 0173/56105

Der Inhaber dieses Barolo-Weingutes, Guido Damiliano und seine Schwester Margherita sind gastfreundliche Piemonteser. Nach Voranmeldung begrüßen sie täglich interessierte Weinfreunde, die nicht nur die DOCG-Barolo und die DOC-Barbera bzw. Dolcetto d'Asti versuchen können, sondern auch die Winzergrappe.

D'ANGELO

VIA PROVINCIALE, 8
85028 RIONERO IN VULTURE (PZ)
TEL. 0972/721517

Das seit 1936 bestehende Weingut im italienischen ›Armenhaus‹ der Basilikata hat viel dazu beigetragen, dass der Aglianico del Vulture heute als Wein Weltgeltung genießt. Aus den Trestern des Aglianico sowie aus der Aglianico-Auslese Canneto entstehen bei Nannoni in Paganico herrliche Grappe.

DE CLES, AZ. AGR. BARONE

VIA MAZZINI, 18
38017 MEZZOLOMBARDO (TN)
TEL. 0461/602673

Trentiner Weingut, das um 1600 von den Vorfahren der Brüder Michele, Guido und Leonardo de Cles in Mezzocorona, im Zentrum des Campo Rotaliano, gegründet wurde. Die roten Weine aus der Teroldego-Rotaliano sind mild und füllig, auch Chardonnay, Lagrein, Merlot und Pinot Grigio können in der gemütlichen Probierstube in den ehemaligen Stallungen des Gutes probiert werden. Besonders lohnend sind die sortenrein destillierten Grappe des Hauses.

DE FORVILLE

Via Torino, 44
12050 Barbaresco (CN)
Tel. 0173/635140

In der Enoteca Regionale del Barbaresco mit der Grappa di Nebbiolo da Barbaresco vertretenes Weingut – gute Qualität, dabei bezahlbar.

DE MEZZO, DISTILLERIA

Loc. Fornaci Arcano Superiore
33030 Rive d'Arcano (UD)
Tel. 0432/800129

Etwas für Likörliebhaber: in der Destillerie, die Mitglied im Qualitäts-Consorzio per la Tutela della Grappa Friulana ist, können nicht nur Grappa Friulana, Stravecchia und Destillato d'Uve probiert und gekauft werden, hier mundet auch der rare Limoncello alla Grappa vorzüglich.

DE TARCZAL, DELL' ADAMI, RUGGERO, AZ. AGR.

Via G. B. Miori, 4
38060 Marano d'Isera (TN)
Tel. 0464/409134

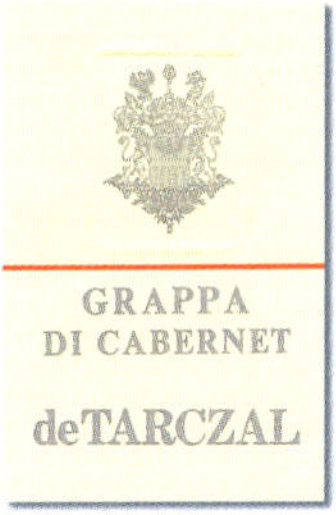

Der Gambero Rosso meint: »Adel verpflichtet« – zumindest empfindet Ruggero de Tarczal dell'Adami so, dessen Vorfahren das Weingut um 1600 gegründet haben. Heute teilt der adelige Winzer seine Aufmerksamkeit zwischen den klassischen Rebsorten der Region und modernen Weinen aus international beliebten Trauben, die auch im Barrique ausgebaut werden. Aus den Trestern wird Grappa destilliert, etwa die elegante, fruchtige Grappa di Cabernet.

^ Das Familienwappen der de Tarczals.

DELLAVALLE, ROBERTO, DISTILLERIA

VIA TOGLIOLE, 1
14053 VIGLIANO D'ASTI (AT)
TEL. 0141/953627

Unter dem Namen »Terre Antiche« destilliert der Grappaiolo Roberto Dellavalle drei Grappe, die die uralten kulinarischen Traditionen des Piemont widerspiegeln sollen. So wundert es nicht, dass auch eine sortenreine Grappa di Ruché aus der authochthonen, heute sehr seltenen Rebsorte des Piemont dazugehört, mit der Dellavalle auch in der Enoteca Regionale des Piemonts vertreten ist.

DE-NATURIERUNG

Auch Vergällung genannter Prozess, bei dem an sich trinkbarer Alkohol durch Zusatz bestimmter Substanzen ungenießbar gemacht und dann niedriger besteuert wird.

DEPHLEGMATION

> Diskontinuierliche Destillation.

DESSILANI LUIGI & F.

VIA CESARE BATTISTI, 21
28072 FARA NOVARESE (NO)
TEL. 0321/829252

Weingut mit Sitz in Fara im Nordpiemont. Die dort erzeugte Grappa di Fara wurde als empfehlenswert und regionaltypisch in die Enoteca Regionale aufgenommen.

DESTILLATION

Durch die Destillation wird der niedrige Alkoholgehalt vergorener Maischen und Moste konzentriert. Ziel ist die Optimierung des enthaltenen Alkohols und der typischen, ansprechenden Aromakomponenten des Ausgangsproduktes. Alle unerwünschten und den Geschmack beeinträchtigenden Nebenprodukte der alkoholischen Gärung werden dagegen ausgeschieden. Das technische Verfahren basiert auf dem Umstand, dass Alkohol (z.B. Äthylalkohol mit 78,3°C) einen niedrigeren Siedepunkt besitzt als Wasser: Eine vergorene, schwach alkoholische Maische wird erhitzt, die zuerst aufsteigenden alkoholischen Dämpfe werden abgekühlt und dadurch zu einer Flüssigkeit mit höherem Alkoholgehalt kondensiert; durch Mehrfachdestillation entsteht so ein hochprozentiges Destillat. Die Destillation kann diskontinuierlich, also chargenweise, in einer Brennblase ablaufen oder aber kontinuierlich in säulenförmigen Brennapparaten.
Brennmeister weltweit sind dabei kreativ, das physikalische Prinzip der unterschiedlichen Siedepunkte auszunutzen. Als Beispiel: das in der Maische enthaltene, hochgiftige Methanol siedet bereits bei 64,6°C, Trinkalkohol oder Äthanol bei 78,3°C, Wasser erst bei ca. 100° C. Ausgehend von diesem bereits im frühen Mittelalter bekannten Zusammenhang hat sich im Laufe der Jahrhunderte ein Destillationsprozess mit zwei unterschiedlichen Brenntechnologien entwickelt, die mit zahlreichen, oft nur geringfügig unterschiedlichen Varianten für die heutige Vielfalt der Spirituosenlandschaft verantwortlich sind. Bei der traditionellen, jahrhundertealten Methode der >Diskontinuierlichen Destillation wird die Maische partienweise in einem Brennkessel zu Alkohol gebrannt, die erst vor 150 Jahren erfundene >kontinuierliche Destillation erfolgt in einer indus-

triellen Anlage, die nicht nur wie eine kleine Erdölraffinerie aussieht, sondern auch genauso funktioniert. Beide Brenntechnologien basieren auf dem gleichen Prinzip:
Durch langsames Erhitzen werden zunächst die leicht verdampfbaren Bestandteile aus der Maische gelöst, das erst später siedende Wasser und die Schlempe bleiben zurück. Die anschließende Rückkühlung im Kühler verflüssigt die so entstandenen Gase wieder, die dann in der Destillatsvorlage genannten Kontrolleinheit in erwünschte und unerwünschte Bestandteile getrennt werden. Nur der gewünschte Trinkalkohol wird in den Auffangbehälter geleitet. Zur Freude der Brennmeister liegen die Siedepunkte der erwünschten Aromaträger nahe bei dem des Äthanols, während die Siedepunkte von Methanol und anderer qualitätsmindernder Stoffe merklich darunter oder darüber liegen. Dank moderner Technologie lässt sich also quasi automatisch sauberer, aromatischer Trinkalkohol erzeugen. Die handwerklich arbeitenden Brenner dagegen schwören auf ihre wachen Sinne und auf ihre Erfahrung, um genau das Herzstück der Destillation finden – den Alkohol, der dem Liebhaber Genuss ohne Reue verspricht.
Dieser generelle Zwiespalt für alle Destillateure wird besonders bei der Grappa deutlich. Je weiter ein Brenner das Herzstück fasst, desto mehr unterschiedliche Aromakomponenten wird die Grappa aufweisen, sie wird komplexer und vielschichtiger. Andererseits wächst dabei das Risiko, Methanol und Fuselöle mit in

∨ Historische Destillationsgeräte, im Vordergrund ein Kupfer-Alambic.

den Brand zu bringen. Destillerien, die große Mengen Qualitätsgrappa erzeugen wollen, nehmen deshalb in Kauf, das ihr Produkt zwar typisch und sauber schmeckt, aber weniger Charakter besitzt als die Grappa, die handwerklich in Kleinmengen hergestellt wird. Andererseits geht auch dem erfahrensten Grappa-Brenner gelegentlich eine Partie durch. Diese Grappa kommt bei guten Destillerien und qualitätsbewussten Winzern dann nie auf den Markt, sondern wird wie in der guten, alten Zeit als Franzbranntwein-Ersatz zum Einreiben der Füße an kalten Abenden verwendet. Wer also seine Destillate strikt nach Namen und Renommee des Erzeugers kauft, hat gute Chancen, eine charaktervolle und dabei doch saubere Grappa zu erwerben.

DESTILLATIONS-RÜCKSTÄNDE

Auch als Schlempe bezeichnete, nichtflüchtige Inhaltsstoffe des Tresters. Dazu gehören Schalen, Kerne, Fruchtfleischreste, Hefezellen, aber auch durch die Vergärung entstandene chemische Substanzen wie Glycerine.

DESTILLATSFEHLER

Destillatsfehler – durch Fehler beim Brennen, etwa Anbrennen der Maische oder zu spätes Abtrennen des Nachlaufs, entstandene negative Geschmackseigenschaften eines Brandes.

DEZZANI

Corso Pinin Giachino, 140
14023 Cocconato (AT)
Tel. 0141/907044

Zum Besitz der Geschwister Franca, Luigi und Giovanni Dezzani, in dritter Generation Weinmacher im Piemont, gehören neben der Locanda Martelletti in Cocconato auch Weinberge auf Pantelleria, der südlichsten Insel Italiens, die unter dem Namen des Weingutes Terre dei Sesi angeboten werden. Grappa wird allerdings nur aus den Piemonteser Trestern destilliert und sortenrein, teilweise auch fassgereift abgefüllt.

DISKONTINUIERLICHE DESTILLATION

Die meisten hochwertigen Spirituosen entstehen auch heute noch nach dem seit dem Mittelalter immer weiter verfeinerten Prinzip der diskontinuierlichen Destillation.

Dabei wird aus der alkoholischen Maische oder dem schwach alkoholischen Feststoff zunächst ein Raubrand destilliert, der dann in einem zweiten Arbeitsschritt zu Feinbrand ausgebrannt wird. Der Brennapparat besteht dabei aus einer Brennblase mit Helm, von dem aus ein Rohr in den Kühler geführt wird. Diese Brennblase wird

auch als >Alambic bezeichnet und ist in einer Vielzahl von Varianten dieser Grundtechnik im Einsatz.
Vor dem Brennen wird die Qualität des schwachalkoholischen Tresters vom Brennmeister persönlich überprüft, da nur einwandfreie Trester ohne Gärungsfehler aromaintensive, angenehme Brände ergeben. Bei den traditionell konstruierten diskontinuierlichen Brennapparaten werden die durch die Befeuerung verdampften alkoholischen Gase im Helm der Brennblase gesammelt und nur wenig konzentriert, bevor der Dampf durch das Geistrohr strömt.
Im Zuge der fortlaufenden Verbesserung der Destillationstechnik wurde durch die Entwicklung eines Verstärkeraufsatzes für die Brennblase der arbeits- und zeitaufwendige zweite Destillationsdurchgang überflüssig. Das Destillat kann nun bereits im Verstärker optimal konzentriert werden. Die Verstärkertechnologie nutzt dabei die Prinzipien der Rektifikation und der Dephlegmation oder einer Kombination aus beiden.
Bei der Rektifikation wird der alkoholhaltige Dampf durch mehrere übereinander sitzende Kammern der Verstärkerkolonne an einem stetigen Rückfluss aus geringer konzentriertem Wasser-Alkohol-Gemisch vorbeigeleitet und nimmt so immer mehr leichtflüchtigen Alkohol auf, bis der Dampf optimal mit Alkohol angereichert über das Geistrohr in den Kühler geleitet werden kann.
Bei der Dephlegmation wird die Mischung aus Alkohol- und Wasserdampf durch Kühlung in alkoholreichen Dampf und alkoholärmere Flüssigkeit getrennt, die als Phlegma oder Lutter bezeichnet wird.
Nach der Abkühlung und Verflüssigung im Kühler durchläuft der Brand die Destillatsvorlage, eine technische Einrichtung, mit der Menge und Alkoholkonzentration des Brandes überprüft werden. Mit Hilfe des Vorlage-Alkoholometers lässt sich das Destillat, ob durch doppelte Destillation oder Verstärkereinsatz entstanden, nun in Vor-, Mittel- und Nachlauf fraktionieren. Der Mittellauf, auch Herzstück genannt, bildet dabei den Feinbrand, Vor- und Nachlauf enthalten die störenden Komponenten des Raubrandes.
Zunächst fällt der Vorlauf an, der neben Methanol leichtflüchtige, geschmacklich negative Ester- und Aldehydverbindungen enthält. Die steigende Alkoholkonzentration des Destillats signalisiert den Übergang zum Mittellauf, der die gewünschten wertvollen Aromakomponenten enthält. Zum Ende wird der Nachlauf abgeschieden, der vor allem aus Fuselölen sowie höheren Alkoholen und deren Estern besteht. Traditionell führten Brenner den Vor- und Nachlauf wieder dem Raubrand zu, um die Gesamtmenge an Destillat zu erhöhen. Heutzutage wird jedoch darauf verzichtet, da die Brenner mehr Wert auf qualitative Optimierung legen, selbst wenn sie dafür eine geringere Ausbeute in Kauf nehmen müssen. Eine positive Entwicklung.
Die Brennblase wurde und wird aus Kupfer gefertigt, für die anderen Bestandteile des diskontinuierlichen Brennapparates hat sich Edelstahl bewährt. Kupfer zeichnet sich durch eine gute Wärmeleitfähigkeit und Beständigkeit gegenüber Fruchtsäuren aus und trägt im Gegensatz zu Edelstahl durch seine katalytischen

Eigenschaften zur Aromaverbesserung bei.
Das Grundprinzip der diskontinuierlichen Destillation hat sich seit mehr als 1000 Jahren nur unwesentlich verändert. Die Details des Brennvorganges dagegen sehr. Die ältesten Destilliergeräte wurden direkt durch ein Feuer unter der Brennblase beheizt – ein heute ungebräuchliches Verfahren, da dabei die Gefahr des Anbrennens dickflüssiger Maischen besteht, vor dem selbst der Einsatz eines eingebauten Rührwerkes nicht immer schützen kann.
Dieses Anbrennen mit daraus resultierenden Aromafehlern lässt sich in modernen Brenngeräten mit indirekter Beheizung vermeiden. Zwei Methoden sind heutzutage gängig: die Wasserbad- und die Dampfdestillation.

Bei der Wasserbad-Destillation ist die Brennblase etwa zur Hälfte von einem geschlossenen Wasserbehälter umgeben, dessen Inhalt temperaturkontrolliert erwärmt wird und diese Wärme sanft und gleichmäßig an das Brenngut abgibt. Eine zeit- und arbeitsaufwendige Technik, die deshalb nur gelegentlich angewandt wird, aber zu besonders ausdrucksstarken, reinen Destillaten führt. Vor allem in der Schweiz bei der Herstellung von Obstbränden und im norditalienischen Südtirol und Trentino bei der Grappa-Erzeugung hat die Wasserbad-Destillation Tradition und sorgt für zwar verhältnismäßig teure, aber qualitativ hochwertige und schöne Brände.
Üblicher ist der Einsatz von Dampf-Brenngeräten. Hier erfolgt die Energieübertragung ausschließlich durch Dampf, der durch den Mantel um die Brennblase geleitet wird. Vorteil ist die schnelle Reaktion der Maische auf Veränderung in der Dampfzufuhr – der Destillationsprozess lässt sich so gezielt steuern. Mitunter findet sich auch die Möglichkeit zur direkten Durchleitung des Dampfes durch die Maische, mit dem Vorteil der optimalen Ausbeute des Alkoholgehalts. Anders als in Italien ist diese Methode in Deutschland gesetzlich nicht zugelassen.

DISTILLATI A & G

Via B. S. Lavagnini, 37/A
53036 Poggibonsi (SI)
Tel. 0577/983244
Toskanische Destillerie, die sich auf die Erzeugung von Grappa aus DOC-Weinen wie dem Vernaccia di San Gimignano spezialisiert hat.

DISTILLATO A VAPORE

Hinweis auf dem >Etikett, der auf die Destillation im Dampf-Alambic hinweist.

DISTILLATO DA...

>Produttore

DISTILLERIA

Destillerie oder Abfüllbetrieb.

DISTILLERIE TRENTINE DI LORENZO NICOLA & FIGLI

Loc. Pineta, 9
38016 Mezzocorona (TN)
Tel. 0461/601072
Angesehene Destillerie aus dem Trentino, die auf traditionelle Arbeitsweise setzt.

DOC, DOCG

Denominazione di Origine Controllata oder DOC bezeichnet Weine aus gesetzlich definierten und kontrollierten Anbauzonen, bei denen Rebsorten und deren Mischungsverhältnisse, Alkoholgehalt, Gesamtsäuregehalt und Ertragsgrenzen festgelegt sind. *Denominazione di Origine Controllata e Garantia* (DOCG) bezeichnet die italienischen Spitzenweine, die zusätzlich zu den DOC-Regularien nur aus den besten Herkunftsregionen stammen dürfen. Für die Produktion gelten strengere Produktionsrichtlinien, deren Einhaltung sorgfältig kontrolliert wird.

DOLCETTO

Die rote Rebsorte Dolcetto wird vor allem im südlichen Piemont angebaut. Die Trester werden gerne zur Erzeugung sortenreiner Grappa herangezogen. Dolcetto-Grappe sind oft fruchtbetont mit zartem Kirscharoma und weichem Abgang.

DOMENIS, DISTILLERIA AGRICOLA

VIA DARNAZZACCO, 16
33043 CIVIDALE DEL FRIULI (UD)
TEL. 0432/731023

Familien-Destillerie, die schon früh auf ein breit gefächertes Angebot aus sortenreinen Grappe gesetzt hat. Dabei finden sich auch so seltene Rebsorten-Grappe wie Fragolino, Picolit, Refosco dal Peduncolo Rosso und Schiopettino. Die Destillerie ist Mitglied im Consorzio per la Tutela della Grappa Friulana.

DURBINO, DISTILLERIA

VIA S. DANIELE, 8
33030 PASIAN DI PRATO – PASSONS (UD)
TEL. 0432/400019

Angesehene Destillerie im Friaul, die aktiv im Consorzio per la Tutela della Grappa Friulana mitarbeitet, das für regionales Qualitätsstreben steht. Dass dies sogar beim »notorischen Verweigerer« Chardonnay gelingt, ist besonders erfreulich.

30
CANTIN

VINI
AL BOTTEGON
el VINO · già SCHIAVI

EINAUDI, LUIGI

Borgata Gombe, 31
12063 Dogliani (CN)
Tel. 0173/70191

Dolcetto, Barolo und Grappa sind die Haupterzeugnisse dieses Piemonteser Weingutes.

E-MAIL

E-Mail ist mittlerweile ein vorzüglich geeignetes Medium, um Informationen über Grappa zu erhalten. Selbst Weingüter, die noch keine eigene Homepage im Netz haben, sind in der Regel für elektronische Post erreichbar und nennen Produkte, Preise und meistens auch deutsche Importadressen. Die Anfrage sollte allerdings in italienischer oder englischer Sprache gestellt werden, in Südtirol ist natürlich auch Deutsch möglich.

EMILIA ROMAGNA

In der mittelitalienischen Weinbauregion Emilia Romagna sind in den letzten Jahren energische Bestrebungen hin zu mehr Qualität festzustellen. Konkret heißt das in diesem von der Sonne verwöhnten Landstrich entlang der Po-Ebene, dass sich die Winzer aktiv um den Erhalt der Fruchtsäure ihrer Trauben bemühen. Denn diese gibt den Weinen das so lange vermisste Rückgrat: Nun kann auch die feine Milde der hier wachsenden Weine besser zur Geltung kommen. Mehr Säure bedeutet immer auch bessere Destillate; so lohnt es sich seit einiger Zeit, auch Grappa di Lambrusco zu probieren, die oft eine feine Kirschtönigkeit, gepaart mit Kräutern zeigt. Einige für diese Region typische Rebsorten ergeben gleichfalls probierenswerte Tresterdestillate wie >Barbarossa, Cagnina, Albana, Barbera, Sangiovese.

ENDRIZZI, DI, DOT. FRANCO E DOT. PAOLO ENDRICI

Loc. Masetto
38010 S. Michele a/A (TN)
Tel. 0461/650129

Renommiertes Trentiner Weingut, dessen Chardonnay- und Cabernet-Sauvignon-Weinberge schon vor mehr als 100 Jahren vom Großvater des heutigen Inhabers angepflanzt wurden. Entsprechend extraktreich die Weine und auch die Trester, die bei Kult-Brenner Pilzer im benachbarten Cembratal zu eleganten Grappe destilliert werden. Attraktives Verpackungsdesign.

ENOTECA REGIONALE

Öffentlich kontrollierte Weinläden mit guten Verkostungsmöglichkeiten, die einen Überblick über die besten aktuell zu kaufenden Weine einer Region anbieten. Hier findet sich in der Regel auch ein gutes Angebot an Grappe, die vor Ort probiert und zu oft erstaunlich günstigen Preisen gleich mitgenommen werden können. Adressen und Öffnungszeiten werden in der Regel im Internet veröffentlicht. Zuverlässige Stichworte sind: »Enoteca«, »Regione« oder »Regionale« und dann der italienische Name des Weinbaugebietes, z.B. Piemonte, Veneto. Eine aktuelle Übersicht über die Enoteche findet sich unter: WWW.ASSOENOTECHE.IT/ENOTECHE.HTM.

Hier einige Beispiele:

Abruzzen
ORTONA – Enoteca Regionale d'Abruzzo

Emilia Romagna
DOZZA – Enoteca Regionale Emilia Romagna

Friaul – Julisch-Venetien
CORMONS – Enoteca Comunale di Cormons
GRADISCA D´ISONZO – Enoteca Regionale del Friuli Venezia Giulia »La Serenissima«

Ligurien
CASTELNUOVO MAGRA – Enoteca Regionale della Liguria e della Lunigiana

Piemont
BAROLO – Enoteca Regionale del Barolo
CASTAGNOLE DELLE LANZE – Bottega del Vino di Castagnole Lanze
COSTIGLIOLE D´ASTI – Cantina dei Vini Enoteca del Barbera
DOGLIANI – Bottega del Vino Dolcetto
NIZZA MONFERRATO – Vineria »la Signora in Rosso«
PORTACOMARO D´ASTI – Bottega del Grignolino
QUARANTI – Bottega del Vino »Brachetteria«
ROPPOLO – Enoteca Regionale della Serra
VIGNALE MONFERRATO – Enoteca Regionale del Monferrato

Sardinien
BERCHIDDA – Enoteca Regionale della Sardegna

Toskana
SIENA – Enoteca Italiana

Venetien
PRAMAGGIORE – Enoteca Regionale del Veneto

Marken
JESI – Enoteca Regionale Marchigiana
OFFIDA – Enoteca Regionale

EREDI, ERMANNO MISANI

GRIGIONI
CH–7743 BRUSIO
TEL. +41/(0)81/846 51 81

Im schweizerischen Teil des Valtellina, kurz vor der italienischen Grenze, liegt dieses Weingut mit traditionsreicher Destillerie, dessen Grappe in Italien jederzeit mithalten können, außerhalb der Region aber noch Geheimtipps sind.

ESTER

Chemisch betrachtet, entstehen Ester aus Alkoholen und Säuren unter Abspaltung von Wasser. In der Praxis sind Ester aromatragende Verbindungen, die im Destillat entstehen und den besonderen Geschmack mit verursachen. Da dies gewollt ist und sich Ester teilweise nur sehr langsam entwickeln, müssen einige Spirituosen wie etwa Grappa gelagert werden, um ihre Geschmacksentwicklung abschließen zu können. Bei Grappa dauert dieser Vorgang mindestens 6 Monate, wird vom italienischen Staat durch eine vorgeschriebene Mindestlagerdauer gesichert und vom Fiskus durch Kontrollen garantiert.

?! **ETIKETT**

Grappa ist glasklar oder golden – mehr verrät der Blick durchs Glas auf den Flascheninhalt zunächst nicht. Mehr Information findet sich dagegen auf dem Etikett, denn hier sind bestimmte Angaben zur Kennzeichnung der Grappa auch für italienische Erzeuger durch die Spirituosenverordnung (EWG) Nr. 1576/89 und ihre Folgevorschriften obligatorisch.
Neben der Verkehrsbezeichnung (»Grappa«) muss das Etikett auch die Herkunft verraten, und zwar den Namen und die Anschrift des Herstellers oder des Verkäufers. Dies geschieht hinter den Worten »Imbottigliato da/Imbottigliato per«. Weingüter ziehen es dabei meist vor, den eigenen Namen anzugeben, während sich der Herstellername öfters hinter der Ident-Nummer der Destillerie verbirgt. Manchmal hilft nur Detektivarbeit oder eine Anfrage in Italien, um etwa die Identität des Brenners hinter GR A00001U (der toskanische Grappa-Magier Nannoni) oder anderen zu ermitteln. Hilfreich ist aber, dass die beiden ersten Buchstaben die Region der Destillation angeben (vgl. S. 174 ff.). Dadurch kann man mit etwas Erfahrung zumindest feststellen, ob es der Weinguttrester weit zur Destillerie hatte. Cantina bedeutet Kellerei oder einfaches Weinfachgeschäft, bessere Anbieter nennen sich Enoteca. Cantina Sociale bedeutet Genossenschaftskellerei. Seit 1993 ist die Angabe eines Loses erforderlich, das alle Verkaufseinheiten einer unter den gleichen Bedingungen hergestellten oder abgefüllten Spirituose umfasst. So lässt sich schnell erkennen, ob es sich um eine Kleinserien-Grappa oder um ein in größeren Mengen abgefülltes Produkt handelt. Diese Informationen sind bei Destillerien in der Regel auf dem Etikett untergebracht, Winzer erhalten von ihrem Destillateur zusammen mit der Steuerquittung auch abgezählte Banderolen, die nach dem Abfüllen über die Kapsel geklebt werden. Eine weitere wichtige Angabe sind die Angaben ›Distillato a Vapore‹ (Dampf) oder ›Distillato a Bagnomaria‹ (Wasserbad), die auf die aufwendige Herstellung der Grappe in diskontinuierlichen Brennblasen verweisen.

> Diskontinuierliche Destillation.

> Verkauf in Venedig: Alles kommt frisch vom Boot.

FACCHINO, CARMINE, AZ. AGRICOLA

Reg. Val Prato
15078 Roccagrimalda (AL)
Tel. 0143/873437 o. 871193

Piemonteser Weingut, dessen Grappe vor Ort einen guten Namen besitzen, z.B. Grappa di Dolcetto.

FALANGHINA

Vorwiegend in Kampanien angebaute Weißwein-Rebsorte, die hoch geschätzte Weine und seltene, dank ihres Aromareichtums aber entdeckenswerte Grappe ergibt.
>Cantina del Taburno.

FANTI, GIUSEPPE, AZ. AGRICOLA

P.zza Croce, 3
38015 Pressano (TN)
Tel. 0461/240809

Alessandro Fanti ist einer der jungen Wilden des Trentino. Sein Können und seine Begeisterung für die Möglichkeiten seiner Heimat machen dabei vor Grappa nicht halt.

FANTI, BALDESSARE FILIPPO

Azienda Agricola San Filippo,
Frazione Castelnuovo Abate
Via Borgo di Mezzo, 16
53020 Montalcino (SI)
Tel. 0577/835628

Baldessare Filippo Fanti ist einer der Großen der Toskana, der Jahr für Jahr mit seinem Brunello di Montalcino überzeugt. Auch die aus den Trestern destillierte Grappa verdient wegen ihrer Eleganz Aufmerksamkeit.

FASSATI

Fassati di Fazi-Battaglia S.p.A., Gracchiano di Montepulciano
53046 Pieve di Sinalunga (SI)
Tel. 0578/708798

Toskanisches Weingut, das zur Firmengruppe Fazi-Battaglia gehört, die eine kostenintensive Qualitätserzeugung ermöglicht. Aus den in besten Hügellagen von Montepulciano liegenden Weinbergen stammen auch die Trester für die empfehlenswerte Grappa di Vino Nobile di Montepulciano und die fassgereifte Grappa Nobile Stravecchia.

FAZI BATTAGLIA

Fazi-Battaglia S.p.A.,
Via Roma, 117
60032 Castelplanio (AN)
Tel. 07318/13444

Renommiertes Weingut in den Marken, das den Verdicchio dei Castelli di Jesi berühmt machte, aber auch für seine Rotweine regelmäßig ausgezeichnet wird. Bei Grappa hält man es mit der Klassik: säurebeton-

ter, extraktreicher Wein ergibt elegante, ausdrucksstarke Grappe – und destilliert die Trester des besten Verdicchio.

FELSINA

FATTORIA DI FELSINA, VIA NATIONALE CHIANTIGIANA, KM 484
53019 CASTELNUOVO BERARDENGA (SI)
TEL. 0577/355117

Kultweingut im Chiantigebiet, das vor allem für seine roten Super-Toskaner bekannt ist. Aus den Trestern des Berardenga und des Fontalloro werden rare und überzeugende Grappe destilliert.

^ Felsina-Inhaber Giuseppe Mazzocolin.

FEUDI

AZIENDA AGRICOLA FEUDI DI SAN GREGORIO
LOCALITÀ CERZA GROSSA
83050 SORBO SERPICO (AV)
TEL. 0825/986611

Vor zwei Jahrzehnten als Erneuerer der Weinregion Kampanien gestar-

tet, gehören zum Erfolgsweingut von Luciano Ercolino und Mario Capaldo heute auch Weinberge in Molise, der Basilikata und in Apulien. Hohes Niveau auch bei den individuellen und ausdrucksstarken Grappe.

FIANO

In der Antike nannte man diese traditionsreiche Rebsorte Apianum, heute wird daraus in Kampanien der hochwertige Fiano di Avellino gekeltert, aus dessen Trestern auch elegante Grappe entstehen.
> Mastroberardino.

FLEMMA

> Roh- oder Raubrand.

FONTANAFREDDA

TENIMENTI DI BAROLO E VIA ALBA, 15
12050 SERALUNGA D'ALBA (CN)
TEL. 0173/613161
O. 0173/613451

Bedeutendes Weingut im Piemont, das vor allem auf die Erzeugung von Lagen-Barolo setzt, aus deren

Trestern probierenswerte Grappe entstehen. Elegantes Verpackungsdesign.

FORTETO DELLA LUJA

Loc. Bricco Casa Rosso, 4
14050 Loazzolo (AI)
Tel. 0141/831596
Historisches Weingut in pittoreskem Gehöft, in dem auch spritziger Moscato und Grappa produziert wird.

FRANCIACORTA

Consorzio per la Tutela

del Franciacorta, Via Verdi, 53
25030 Erbusco (BS)
Tel. 030/7760477
Seit 1997 besteht eine gesetzlich geschützte Bezeichnung für Grappa, die nur aus den Trestern der Weine und Spumanti der Denominazione Franciacorta DOC erzeugt wird. Für die Qualitätskontrolle ist derzeit noch das Wein-Konsortium der Franciacorta zuständig, das auf Anfrage gute Erzeuger nennt.

FRANCOLI, DISTILLERIE FRATELLI

Corso Romagnano, 20
28074 Ghemme (NO)
Tel. 0163/844711
Eine der größten Destillerien Italiens, deren Grappaqualität in den höheren Preiskategorien so überzeugen kann, dass die Grappa di Bonarda als mustergültig für die Enoteca Regionale di Gattinara e delle Terre del Nebbiolo Nord Piemonte ausgewählt wurde.

FRANZONI, AZIENDA VINICOLA EMILIO

Via Cavour, 10
25082 Botticino Sera (BS)
Tel. 030/2691071
Weingut mit eigener Grappa-Produktion. Die Trester der Grappa Finissima stammen vom DOC-Wein Botticino und werden nach traditioneller Art doppelt diskontinuierlich gebrannt. Nur Kleinmengen verfügbar.

FREISA

Piemonteser Rotweinsorte, die oft die Basis einer Mischsatzgrappa bildet. Gelegentlich finden sich auch Monovitigno-Grappe aus dieser für die Destillation gut geeigneten Sorte. >u. a. Conterno.

FRIAUL JULISCH-VENETIEN

Das nur 100 km breite Weinbaugebiet an der italienischen Ostgrenze zu Slowenien hat im Qualitätsweinbau Maßstäbe gesetzt. Die Entwicklung von Grappa zum Edeldestillat haben die Destillateure dieser fruchtbaren Region entscheidend beeinflusst, auch heute noch gehören die Grappe von dort zu den besten des Landes. Das liegt auch am Engagement der dortigen Winzer, die ihre meist rebsortenreinen Weine säurebetont ausbauen und so über gutes Ausgangsmaterial für charaktervoll-fruchtige Monovitigno-Grappe verfügen. Bekannte Rebsorten sind etwa Ribolla Gialla oder Picolit, deren Grappe rar, aber unbedingt probierenswert sind.

?! FUSELÖLE

Davor fürchtet sich jeder Brenner und nutzt verschiedene technische Möglichkeiten, diese höheren Alkohole aus den Destillaten zu entfernen. Die unerwünschten Nebenprodukte der Gärung und Destillation werden mit dem Nachlauf abgetrennt oder mittels Kaltfiltration ausgefällt und entfernt. Falls dies nicht gelingt, spürt der fröhliche Zecher leider am nächsten Morgen den Nachbrenner-Effekt unsauberer Brände.

^ Fasskeller der Fattoria Felsina.

GAJA, ANGELO

Via Torino, 36/A
12050 Barbaresco (CN)
Tel. 0173/635158

Der Vordenker des Piemont macht nicht vor dem Thema Grappa halt: Mit die ersten Winzer-Lagen-Grappe stammten aus Gajas Weingut – sie gehören auch heute noch zur Spitzenkategorie. Seit einigen Jahren steht Angelo Gaja auch hinter der einst zu Bruno Giacosas Einflussbereich gehörenden Distilleria del Barbaresco und sorgt auch hier für höchste Qualität.

GAMBERO ROSSO

Der ›rote Krebs‹ – Gambero Rosso – ist das Markenzeichen des italienischer Weinführers Vini d'Italia, der in Zusammenarbeit mit Slow Food jährlich aktualisiert wird. »Die Bibel der Weinschmecker« (Süddeutsche Zeitung) erscheint jedes Frühjahr in deutscher Sprache, die Originalausgabe etwa ein halbes Jahr zuvor im Verlag G.R.H in Rom. Höchste Auszeichnung des Gambero Rosso sind die begehrten Tre Bicchieri (drei Weingläser). Für Grappafreunde ist der Führer insoweit von Bedeutung, als dort ausgezeichnete Weingüter ihren Ruf aufs Spiel setzen, würden sie handwerklich schlecht gemachte oder misslungene Grappe unter ihrem eigenen Namen anbieten. Es lohnt sich daher immer, in diesem umfangreichen Führer nachzuschlagen, wenn eine interessante Winzergrappa entdeckt wurde – steht das Weingut drin, stimmt in aller Regel auch die Qualität in der Grappaflasche.

GARGANEGA

Diese Rebsorte ist vor allem im Veneto verbreitet, wo sie die Grundlage des Weißweines Soave bildet. Dabei wird sie in der Regel mit 20% des sanfteren Trebbiano di Soave kombiniert, um den für Grappa so wichtigen Säuregehalt im späteren Wein abzumildern. Grappa di Garganega ist selten, allerdings produzieren renommierte Winzer immer häufiger sortenreinen Soave, so dass auch die aus den Trestern gebrannte Soave-Grappa eine Monovitigno-Grappa di Garganega ist.

GAROFOLI

Casa Vinicola Garofoli,
Villa Musone, Via Arno, 9
60025 Loreto (AN)
Tel. 0717/820162

Familienweingut in den Marken, das mit seinem roten Rosso Conero und dem weißen Verdicchio dei Castelli di Jesi zu den Aufsteigern dieser spannenden Region gehört. Aus den Trestern entstehen handwerklich saubere und aromaintensive Grappe voll vibrierender Frucht.

GATTI

Azienda Vinicola Piero Gatti
Località Moncucco, 28
12058 Santo Stefano Belbo (CN)
Tel. 0141/840918

Auf die Erzeugung von Moscato d'Asti spezialisiertes Familienweingut, das zur Spitze der Region zählt. Auch die Grappa di Moscato, in der Distilleria Astigiana von Franco Barbero in Mombercelli destilliert, gehört zu den besten dieser aromatischen Monovitigno-Richtung.

GATTINARA, SERGIO

Piazza Monsignor Francese
13045 Gattinara (VC)
Tel. 0163/832704

Die Namensgleichheit von Ort und Winzer ist Zufall, die Qualität nicht: Der hier erzeugte Gattinara sollte nicht vergessen werden, ebensowenig wie die sortenrein aus der Gattinara-Rebe Nebbiolo destillierte Grappa, die für die Enoteca Regionale di Gattinara e delle Terre del Nebbiolo Nord Piemonte ausgewählt wurde.

GEWÜRZTRAMINER

Eine Spielart der Traminerrebe, die in Italien besonders in Südtirol aromaintensive Weine ergibt. Kaum eine Aroma-Rebsorte eignet sich so gut zur Grappa-Destillation wie der Gewürztraminer. Wer eine solche Grappa findet, sollte unbedingt probieren! > Roner, Cantina dell'Abbazia di Novacella.

GIACOSA, CARLO

Via Ovello, 8
12050 Barbaresco (CN)
Tel. 0173/635140

In der Enoteca Regionale des Barbaresco mit der Grappa di Nebbiolo da Barbaresco vertretenes Weingut – gute Qualität, dabei bezahlbar.

GIANNOZZI, FATTORIA

Località La Ceppa
50020 Marcialla Barberino
Val d'Elsa (FI)
Tel. 055/8076602

Auf die Erzeugung von Ökowein und Grappa spezialisiertes Weingut im Chianti-Classico-Gebiet zwischen Florenz und Siena. Agriturismo.

GIGI ROSSO

Strada Alba-Barolo, 20
12060 Castiglione Falletto (CN)
Tel. 0173/262369
www.gigirosso.com

Angesehenes Barolo-Weingut, in der Enoteca Regionale del Barolo mit der Grappa di Barolo wie auch der

Grappa die Nebbiolo und der Grappa di Dolcetto vertreten, die bei Rovero gebrannt werden. Besuche und Führungen sind – auch auf Deutsch – möglich.

GIOVI

VIA VALDINA
98040 VALDINA (ME)
TEL: 090/9942256
Kaum 15 Jahre gibt es die sizilianische Brennerei von Giovanni Lo Fauci am Fuße des Ätnas, die heute zu den besten des Landes gehört. Neben fantastischen Obstbränden werden hier auch rare Grappe destilliert, die unbedingt probiert werden sollten. Etwa die Grappa di Moscato di Pantelleria, Grappa di Malvasia delle Lipari und die Grappa dell' Etna.

GIORI G.I.L.S.A, DESTILLERIE

VIA NAZIONALE, 38
38060 VOLANO (TN)
TEL. 0464/411224
Traditionell arbeitende Großdestillerie, in der neben Grappa auch Obstbrände erzeugt werden. Besonders gelungen sind die Monovitigno-Grappe der Standardlinie »Tradizione del Trentino«.

GLICINE

CANTINA DEL GLICINE,
VIA GIULIO CESARE, 1
12057 NEIVE (CN)
TEL. 0173/67215
Historischer Weinbaubetrieb mit imposantem Keller, in dem die Barolo und Barbaresco geruhsam zur Reife gelangen, bevor sie in den Verkauf gehen. Besondere Sorgfalt gilt den hochwertigen Grappe, die in verspielter Aufmachung angeboten werden.

GOBETTI, DISTILLERIA CARLO

VIA GHIANDARE, 14
MARCIAGA DI COSTERMANO
37010 COSTERMANO (VR)
TEL. 045/6279000
Sehr traditionell und handwerklich betriebene Destillerie, die dank ihrer Qualität auch bei den Winzern der Umgebung Vertrauen genießt.

?! GRAPPA

Bis 1990 war die Sache klar: Grappa ist die durch Verordnung geschützte Herkunftsbezeichnung für einen in Italien hergestellten Brand aus Traubentrestern, die den gesetzlichen Vorschriften entsprechen müssen. Auch die Herstellung und Lagerung ist genau geregelt und wird durch Kontrollbehörden des Staates geschützt. Wie ernst Italien und die gesamte EU diesen Herkunftsschutz nehmen, bekam Südafrika zu spüren, das den renommierten Begriff auch auf seine Tresterbrände anwenden wollte. Anders erging es dem Nachbarn Schweiz. Auch dort ist Italienisch Amtssprache, zumindest in dem an Italien angrenzenden Kanton Tessin/Ticino. Auch dort blickt die Grappa-Erzeugung auf eine lange Tradition zurück, kein Wunder angesichts der jahrhundertealten Kontakte zwischen den Ländern. Also einigte man sich 1990 zunächst bilateral, auch der Grappa Ticinese (>Ticino) diesen Namen zuzugestehen. 1999 wurde diese Vereinbarung Teil des gemeinsamen Handelsabkommens zwischen der EU und der Schweiz.

Die qualitätssichernden Vorschriften für die Grappa-Erzeugung sind streng und aus leidvoller Erfahrung gewachsen: Nicht nur in den Nachkriegsjahren wurde gepanscht und manipuliert. Das rief schließlich die Aufsichtsbehörden auf den Plan, die erfolgreich die lückenlose Kontrolle der Grappa von der Beschaffenheit des Rohstoffes Trester über Fermentation, Destillation, Lagerung unter Zollverschluss bis hin zur Abfüllung und Einhaltung der Kennzeichnungsvorschriften festlegte. Das Regelwerk schreibt beispielsweise vor, dass die als Ausgangsmaterial verwendeten Maischereste der Weinbereitung ihre aromatragende Feuchtigkeit nicht durch Auslaugung mit Wasser gewinnen dürfen, lediglich Mostrückstände dürfen mit den Stielen, Schalen und Kernen destilliert werden. Selbst die nachträgliche Befeuchtung mit Pressmosten ist untersagt. Diese Trester müssen direkt destilliert werden,

was beim eher trockenen Rohstoff Trester gewisse Probleme ergibt: Aufwändige Aufbereitung des Ausgangsmaterials und schonende, dadurch teure Brenntechniken sind Voraussetzung für einen risikoarmen Destillationsvorgang. Dann aber entsteht ein aromaintensives Destillat, das zusätzlich durch die Beschränkung des maximalen Alkoholgehaltes auf 86%vol. geschützt wurde. Je niedriger die Alkoholgradation bei Abschluss der Brennphase, desto intensiver und komplexer das Destillat. Lagerung unter Zollverschluss und die Vorschrift gewissenhafter Prüfverfahren vor der Abfüllung sichern zusätzlich die Qualität der italienischen Tresterbrände.

GRAPPALIKÖR

>Aromatisierte Grappa.

GRATTAMACCO, PODERE

LOC. GRATTAMACCO
57022 CASTAGNETO CARDUCCI (LI)
TEL. 0565/763840

Noch ein Geheimtipp: Den noch relativ jungen Weinort Bolgheri verbindet man zunächst mit den Namen Incisa (Sassicaia) und Antinori (Ornellaia, heute im Besitz von Robert Mondavi). Seit kurzem gehört auch das Weingut von Piermario Meletti Cavallari zu den großen Namen in diesem kleinen Weinbaugebiet. Auch seine Grappa kann mit den beiden bekannteren Tresterdestillaten mithalten, wie man sich vor Ort überzeugen kann.

GRECHETTO

Die Sorte Grechetto, auch »vitis hellenica« genannt, wurde vermutlich in der Antike von griechischen Einwanderern nach Italien gebracht und heute im Süden bis hinauf nach Umbrien und in die Toskana angebaut, wo man sie Pulcinculo nennt. Grappa di Grechetto ist meist charaktervoll mit voller Frucht. >Caprai.

GRECO

Rebsorte, die in einer weißen und einer roten Spielart in Kampanien und Kalabrien verbreitet ist. Die Trester werden gelegentlich zu milden, weinigen Grappe gebrannt. >Mastroberardino.

GRESY

MARCHESI DI GRESY, TENUTA CISA ASINARA
VIA RABAJÀ, 43
12050 BARBARESCO (CN)
TEL. 0173/635221

Das berühmte Weingut von Alberto Marchese di Gresy liegt mitten in der Spitzenlage Martinenga. Im gastfreundlichen Keller entstehen vorwiegend Lagen-Barbaresco und Barolo, deren hochwertige Trester in Angelo Gajas Distilleria del Barbaresco in Bricco Albano zu erstklassigen Winzergrappe gebrannt werden.

GREVEPESA

CASTELLI DEL GREVEPESA
VIA GREVIGIANA, 34
FRAZIONE MERCATALE VAL DI PESA
50024 CASCIANO IN VAL DI PESA (FI)
TEL. 0558/21911

Genossenschaftskellerei im Chianti-Classico-Gebiet, die zu den besten der Toskana gehört. Neben Rotwein ist hier weißer Vin Santo eine Spezialität, dessen saftige Trester zu Grappa destilliert werden, die nach mehrjähriger Lagerung im Eichenholzfass angeboten wird.

GRIMALDI, LUIGINO

VIA GROPPONE, 1
12055 DIANO D'ALBA (CN)
TEL. 0173/231790

Piemonteser Weingut unterhalb des Schlosses von Grinzane Cavour, dessen sortenreine Grappe aus Dolcetto, Chardonnay und Nebbiolo da Barolo immer wieder internationale Anerkennung bei Vergleichsproben finden.

GUERRIERI RIZZARDI

VIA VERDI, 4
37011 BARDOLINO (VR)
TEL. 045/7210028

Das Weingut der Gräfin Maria Christina Loredan Rizzardi ist ein Symbol für das Bemühen, im fruchtbaren Land am Gardasee in Einklang mit der Natur zu leben. Ob Olivenöl, Zitronen, Wein oder Grappa: allen Erzeugnissen des noblen Gutes haftet Authentizität an wie ein Adelspatent. Empfehlenswert ist die Grappa del Castello Guerrieri 1999, die aus den Trestern von Tenaiol, Corvina, Rondinella, Molinara und Sangiovese in einer Kleinstmenge von 540 Flaschen entstand.

GUERRINI GONZAGA

> San Leonardo.

HASTAE

c/o Distilleria Berta
Via S. Nicolao, 30/32
14049 Nizza Monferrato (AT)

Das Projekt HASTAE (so hieß Asti zur Römerzeit) ist der Zusammenschluss der renommierten Destillerie Berta aus Nizza Monferrato und der fünf Spitzenweingüter Braida,

Chiarlo, Coppo, Prunotto und Vietti, die gemeinsam versuchen, den traditionellen Barbera d'Asti wieder an die Spitze der Weinwelt zu befördern. Jedes Jahr stellen die Güter beste Trauben zur Verfügung, die zur Cuvée Quorum gekeltert werden. Aus den Trestern von Quorum wird dann bei Berta die Grappa Quorum destilliert – ein spannendes Projekt mit erstklassigem Ergebnis.

HERKUNFTSBEZEICHNUNGEN, GESCHÜTZTE

Unter den besonderen rechtlichen Schutz des italienischen Systems der geschützten Herkunftsbezeichnungen wurden für Grappa sieben Weinbauregionen gestellt: Grappa di Barolo, del Friuli, della Lombardia, del Piemonte, del Trentino, del Veneto und Südtiroler Grappa. Damit die Bezeichnung verwendet werden darf, müssen die Trester aus Trauben der jeweiligen Region stammen und auch dort gebrannt werden. Die Lagerung und Abfüllung der Grappa kann allerdings andernorts erfolgen, es ist jedoch ein Mindestalkoholgehalt von 40%vol. vorgeschrieben.

HERZ

>Mittellauf.

HOFSTETTER

Piazza Municipio, 5
39040 Termeno/Tramin (BZ)
Tel. 0471/860161

Südtiroler Weingut im Besitz des engagierten Martin Foradori, dessen Interesse nicht nur den Möglichkeiten gilt, aus Bioweinen Spitzenprodukte zu machen, sondern auch der »Resteverwertung« seiner Trester: die Grappe sind gleichfalls entdeckenswert.

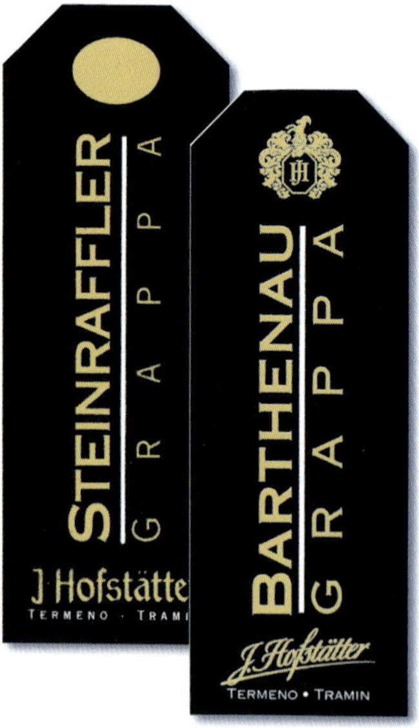

> Markt in Apulien; am Absatz des italienischen Stiefels

IGT/IGT-WEINE

Indicazione Geografica Tipica oder *IGT* wurde 1992 neu als Zwischenstufe zwischen den >DOC-Weinen und den Tafelweinen Vini da Tavola eingeführt. Diese Bezeichnung war nötig geworden, weil immer mehr Spitzenwinzer sich in der Zusammenstellung der Rebsorten ihrer Weincuvées an international gefragten Vorbildern orientierten. Diese aber waren laut dem traditionsgeprägten Weingesetz Italiens nicht zulässig, so dass beispielsweise die sogenannten Super-Toskaner wie Sasicaia (Incisa) oder Tignanello (Antinori) nur als Vino da Tavola deklariert werden durften. Seit der Novellierung des Weingesetzes ist die Bezeichnung IGT für Weine erlaubt, die aus festgelegten Großanbaugebieten mit Höchstertragsbegrenzung stammen und mit Rebsortenbezeichnung etikettiert werden.

I MIRTI

Loc. Bregazzana,
Via del Giglio, 51
21100 Varese (BR)
Tel. 0332/222255

Am Nationalpark Campo dei Fiore in der ländlichen Mitte der Lombardei liegt dieses Bio-Weingut, zu dessen Spezialitäten auch sanfte, saubere Grappe gehören.

I MORI

Via Maremmana, 22–24
50020 Ginestra Fiorentina (FI)
Tel. 055/878276

Chianti-Weingut im Umland von Florenz, in dem aus dem Colli Fiorentino Chianti-Mischsatz aus Sangiovese und Cannaiolo eine interessante Grappa entsteht.

IACCHELLI

Via dei Laghi, km 15
00049 Velletri (RM)
Tel. 06/9633256

Die Fattoria von Armando e Elio Iacchelli in Latium ist Weingut, Bauernhof und Osteria Romana zugleich. Das alles biologisch ausgerichtet – hier lohnt sich nicht nur wegen der Grappa des Hauses die Fahrt vom nahen Rom.

IESOLANA

Loc. Pogi
52020 Bucine (AR)
Tel. 055/992989

Toskanisches Landgut mit biologischer Ausrichtung: hier werden Chianti, Vin Santo, Öl, Honig und Grappa aus Sangiovesetrauben produziert. Zum Gut mit Landhotel gehört auch eine kleine, elegante Weinbar mit Restaurant: Wildspezialitäten!

IL DUCHESCO

Via Vecchia Aurelia, 31/A
58010 Alberese (GR)
Tel. 0564/407323

Am Meer in der neuen Weinbauregion Maremma der Toskana gelegenes Bio-Weingut, wo auch Grappa und Olivenöl aus eigener Erzeugung angeboten werden. Agriturismo.

IL FALCHETTO

Via Valle Tinella, 16
12058 Santo Stefano Belbo (CN)
Tel. 0141/840344

Piemontesisches Weingut, dessen Spezialität der fruchtig-schäumende Moscato ist. Wundert es, wenn die aus den Trestern destillierte Monovitigno-Grappa di Moscato für die lokale Enoteca Regionale ausgewählt wurde?

IL MOSNEL

Via Barboglio, 14
25040 Camignone (BR)
Tel. 030/653117
Weingut in der Franciacorta in einem historischen Gehöft, wo nach Anmeldung neben Wein auch Grappa probiert werden kann.

IL PODERUCCIO

Loc. S. Angelo in Colle
53024 Montalcino (SI)
Tel. 0577/844052
Die Weinberge um die Bio-Fattoria in Montalcino sind Rotweinland: Brunello wächst hier, aus dessen Trestern auch weiche, runde und sehr intensive Grappe entstehen. Ein gelungenes Beispiel bietet man neben Wein und Öl an und wer will, kann nach der Probe gleich im Hause übernachten. Allerdings: Vorbuchung nicht vergessen.

IL TAGLIATO

Località Ruffoli
50022 Greve in Chianti (FI)
Tel. 055/85 47 118
Die aufstrebende Kellerei von Leonardo Masoni gehört seit der Präsentation seines Super-Toskaners Balze d'Istrice zu den interessantesten Newcomern der Toskana. Aus

∧ Leonardo Masoni, Inhaber des Weinguts Il Tagliato.

den Trestern des Balze wird seit kurzem auch eine rundum gelungene Grappa in Kleinmengen gebrannt, wobei sich Leonardo Masoni der Unterstützung durch Meisterbrenner Nannoni versichern konnte.

IL VIGNALE

Loc. Lomellina,
Via Gavi, 130
15067 Novi Ligure (AL)
Tel. 0143/72715
Das gastfreundliche Weingut von Dottore Piero und seiner Frau Vilma Cappelletti liegt im Herzen der Gavi-di-Gavi-Zone und ist dabei, sich an vorderster Front zu etablieren. Aus dem Spitzengavi Vigne Alte lässt der freundliche Dottore Grappa destillieren, die durch Harmonie von Frucht und Fülle beredt den Anspruch ihrer Erzeuger auf Renommee unterstützt.

?! IMBOTTIGLIATO

> Abfüllung, Etikett.

INAMA

Via 4 Novembre, 1
37047 San Bonifacio (VR)
Tel. 045/6104343

Stefano Inama gehört zu den innovativsten Weinmachern des Soave-Bereichs und kann sich dafür regelmäßig über hohe und höchste Auszeichnungen freuen. Qualität, die auch die Grappa von Inama auszeichnet.

INGA

Distillerie Inga & C. s.r.l.
Via Garibaldi, 10
15069 Serravalle Scrivia (AL)
Tel. 0143/65965

Eine der ältesten Destillerien des Piemont, die großen Wert auf Qualität legt. Bei Design und Auswahl der Trester hat man das Ohr am Puls der Zeit: Derzeit sind sorgfaltig gebrannte und passend ausgereifte Monovitigno-Grappe Trumpf, die in schlichter, aber freundlicher Ausstattung angeboten werden.

INTERNET

Das World Wide Web ist nach zunächst zögerlichen Anfängen der italienischen Winzer und Destillateure mittlerweile erste Anlaufstelle auf der Suche nach originellen und originalen Grappe. Kaum eine Rebsorte, von der sich nicht eine passende Monovitigno-Grappa finden ließe, kaum ein Erzeuger, der im Netz seine Grappa verheimlicht. Zunehmend wenden sich die Erzeuger auch an deutschsprachige Interessenten. Was gelegentlich zu Gelächter wegen gut gemeinter, aber misslungener Formulierungen führen kann, aber immer den guten Willen und die Bereitschaft des Grappa-Anbieters zeigt, mit seinen Kunden auch in deren Muttersprache ins Gespräch und später vielleicht auch ins Geschäft zu kommen.

INVECCHIATO

entspricht einer Riserva.
>Altersprädikate, Lagerung.

ISOLA AUGUSTA

Loc. Casali Isola Augusta
33056 Palazzolo dello Stella (UD)
Tel. 0431/58046

Heute leitet Dr. Massimo Bassani das Weingut mit langer Geschichte und ökologischer Ausrichtung, in dem neben Wein und Grappa di Chardonnay auch Öko-Honig erzeugt wird.

ISTITUTO AGRARIO DI SAN MICHELE

Azienda Agraria di Istituto Agrario Provinciale di
San Michele all'Adige
Via Edmondo Mach, 1
38010 San Michele all'Adige (TN)
Tel. 0461/615111

Erfreulich, wenn ernsthafte Forschung solch kulinarisch anspruchsvolle Ergebnisse erbringt: Die landwirtschaftliche Forschungsanstalt des Trentino produziert nicht nur wissenschaftliche Publikationen, sondern auch praktische Ergebnisse. Vor allem in Form feiner Grappe, bevorzugt aus sortenreinen Trestern, und eleganter Traubenbrände.

ISTITUTO GRAPPA PIEMONTE

c/o Camera di Commercio I.A.A.
P.zza Medici, 8
14100 Asti (AT)
Tel. 0141/535246

Offizielle Kontrollbehörde für Grappa im Bereich des Piemont. Erteilt Auskünfte, zum Beispiel über die Destillerie, die sich hinter den amtlichen Abkürzungen versteckt
>Etikett.

ISTITUTO GRAPPA VENETA

c/o Camera di Commercio
31100 Treviso
Tel. 0422/595224
oder
Piazza Borsa
31100 Treviso
Tel. 0438/794103

Offizielle Kontrollbehörde für Grappa im Weinbaugebiet Venetien. Erteilt Auskünfte, zum Beispiel über die Destillerie, die sich hinter den amtlichen Abkürzungen versteckt.
>Etikett.

ISTITUTO NAZIONALE GRAPPE

Via delle Tofane, 14
25121 Brescia
Tel. 0303/97308

Zentrales Kontrollinstitut für die Einhaltung der Richtlinien der Grappa-Produktion. Hier erhält man auf Anfrage auch Informationen über Erzeuger.

ISTITUTO TUTELA GRAPPA DEL TRENTINO

Via Manci, 5
38100 Trento
Tel. 0348/3004686

Qualitätskontrollinstitut für Trentiner Grappa. Hier sind auch Informationen über Erzeuger erhältlich.

JERMANN

AZ. AGR. VINNAIOLI JERMANN, LOCALITÀ VILLANOVA
VIA MONTE FORTINO, 21
34070 FARRA D'ISONZO (GO)
TEL. 0481/888080

Silvio Jermann gehört zu den bekanntesten Winzern im Friaul und das, weil er nichts von Anpassung und stromlinienförmigen Weinen hält. Entsprechend charaktervoll sind auch die beiden Grappe »Spirit di Tunina« und »Jermann«, die leider nur in kleinen Mengen verfügbar sind.

JULIA

STOCK S.P.A.,
VIA LIONELLO STOCK, 2
34135 TRIEST

Markengrappa des Spirituosenerzeugers Stock. Frakturiert, also >kontinuierlich destilliert, dennoch ein sauberes Destillat, das trotz der enormen Produktionsmengen gerade für Einsteiger Grappavergnügen ermöglicht.

KALABRIEN

Eine Weinbauregion mit Zukunft. Das große, stetig ansteigende Interesse an den Weinen des benachbarten Apulien hat dazu geführt, dass sich immer mehr Winzer dem Qualitätskonzept ihrer Kollegen aus Marina di Cirò anschließen, deren Wein in der Antike Kultstatus besaß und ihn langsam wiedererlangt. Die besten Weine kommen dabei aus den Höhenlagen, deren Böden fruchtbar sind und weit weniger unter dem Klima des italienischen Südens leiden als die sonnenverbrannten Weinberge der benachbarten Regionen Basilikata und Apulien. Mit der Weinqualität stieg auch die Güte des hier produzierten Grappa. Vor allem die Grappa di Cirò ist unbedingt probierenswert.

KALTFILTRATION

Vor Abfüllung auf die Flasche wird Grappa auf Minustemperaturen gekühlt, um verbliebene unerwünschte Stoffe auszufällen und herausfiltern zu können; diese Filtration verhindert auch Trübungen und Wölkchenbildung, wenn Grappa kühl oder gar gekühlt gelagert wird.

KAMPANIEN

Eine der vielfältigsten Weinbaugebiete Italiens: neben dem Gebirge im Landesinneren wächst Wein auch im westlich anschließenden Hügelland, das schließlich sanft in die Ebene am Tyrrhenischen Meer ausläuft. Selbst auf den vorgelagerten Inseln Capri, Ischia und Procida wachsen Reben. Insgesamt gibt es hier einen DOCG-Bereich (Taurasi), dazu 18 DOC- sowie 9 IGT-Gebiete. Schon zu römischer

Zeit galt der hier wachsende Wein als hervorragend. Einige Rebsorten haben sich aus dieser Zeit erhalten, viele andere kamen dazu und werden vorwiegend zu sortenreinen Weinen mit regionaler Herkunftsbezeichnung ausgebaut. Dies gilt dann natürlich auch für die Grappe Kampaniens, die durch Vielfalt, Charakter und Qualität gefallen.

?! KLASSIFIZIERUNG

Durch den Verband der italienischen Grappa- und Spirituosen-Verkoster (ANAG) wurden folgende Grappa-Grundtypen festgelegt:

Junge Grappa: Aus Rebsorten mit relativ neutralem Geschmack, naturbelassenes Bukett; Reifung in Glaskolben oder neutralen Stahltanks.

Junge aromatische Grappa: Herstellung aus aromatischen Rebsorten, ansonsten ebenfalls naturbelassen.

Junge Grappa aus dem Holzfass: Durch kurze Lagerung im Fass nimmt das Destillat gewisse Holztöne an.

Junge aromatische Grappa aus dem Holzfass: Herstellung aus aromatischen Rebsorten, Lagerung im Holzfass.

Alte Grappa: Nur eine mindestens sechs Monate im Holzfass und anschließend weitere 6 Monate luftdicht abgeschlossen gereifte Grappa hat Anspruch auf die Zusatzbezeichnungen ›invecchiata‹, ›riserva‹ oder ›stravecchia‹.

Alte aromatische Grappa: Wie oben, aber aus aromatischen Rebsorten destilliert.

^ Kalabrien: Land unter gleißender Sonne.

Aromatisierte Grappa: durch Zusatz von Kräutern oder Pflanzenextrakten besitzt die aromatisierte Grappa ein völlig verändertes Aromaprofil. >Aromatisierte Grappe.

?! KONDENSATION

Technisches Verfahren, bei dem ein gasförmiger Stoff (hier die alkoholischen Grappadämpfe) mittels Kühlung wieder verflüssigt wird.

?! KONTINUIERLICHE DESTILLATION

Bis zum Beginn des 19. Jahrhundert wurden sämtliche Spirituosen diskontinuierlich in der Brennblase destilliert. Der Einfallsreichtum der Ingenieure und der Wunsch nach einfacheren Produktionsmethoden, der die ersten Automatisierungswellen der industriellen Revolution auslöste, machte auch vor der handwerklichen Brennereitechnologie nicht Halt. Ein kosten- und zeitsparendes neues Verfahren, das die Herstellung größerer und billigerer Mengen an Alkohol erlaubte, wurde gesucht. Etwa zeitgleich, um 1830, entwickelten Aeneas Coffey und Robert Stein in Schottland und einige findige Wodkaproduzenten in Russland und Polen kontinuierlich arbeitende Destillationstechniken, die die Herstellung und Charakteristik zahlreicher Traditionsdestillate revolutionieren und völlig neue Spirituosen entstehen lassen sollten. Aus einer Mischung aus den schweren Malts und den neuen, leichten, kontinuierlich gebrannten Grain Whiskies entstand beispielsweise der Blended Whisky Schottlands, der als aromatischer Scotch seinen Siegeszug um die Welt antrat. Der irische Whiskey bekam einen völlig anderen, nun ganz eigenen Charakter. Statt der oft sperrigen, dunklen Rumsorten, die bestenfalls hartgesottenen Seeleuten gefallen konnten, wurde der leichte, weiße Rum populär. Zahllose neue Rezepturen für Liköre und Bitterspirituosen wurden auf Basis kontinuierlich destillierten Alkohols entwickelt. Wodka erhielt seine heute so gesuchte Reinheit und Weichheit. Das Konstruktionsprinzip der kontinuierlich arbeitenden Brennanlagen ist einfach:

Zentrale Merkmale sind zwei miteinander verbundene Säulen, die Analysator und Rektifikator genannt werden. In den Säulen befinden sich übereinander in die Wand eingelassene, gelochte Böden, die Dampf und Flüssigkeit durchlassen. Die schwachalkoholische Ausgangsflüssigkeit wird über ein Rohr von oben in die Analysatorsäule eingefüllt und tropft nun langsam nach unten. Gleichzeitig wird am Boden des Analysators Dampf eingelassen, der durch die perforierten Bleche nach oben aufsteigt, dabei auf die Ausgangsflüssigkeit trifft, diese erhitzt und den darin enthaltenen Alkohol zum Verdampfen bringt. Der gasförmige Alkohol wird zusammen mit dem Dampf über ein Rohr an den Boden der zweiten Säule geleitet und dort wieder zum Aufsteigen gebracht. Im Rektifikator sorgen die perforierten Böden für stufenweise Abkühlung des Alkohol-Dampf-Gemischs. Dabei werden die gleichfalls flüchtigen, weiteren Bestandteile der Mischung separiert. Es kommt zur Trennung in verschiedene Flüssigkeiten mit unterschiedlichem Siedepunkt. Bei dieser Art der Fraktionierung lassen sich der Vor- und der Nachlauf sehr gezielt vom Mittellauf trennen, dessen Alkoholgehalt genau festgelegt werden kann. Die entstehenden Brände sind deshalb von großer Reinheit und wesentlich leichter als die diskontinuierlich gebrannten Destillate.

Ausgehend von diesem Grundprinzip lässt sich die Technik der kontinuierlichen Destillation je nach Art des gewünschten Destillats abwandeln. Häufig wird beispielsweise die alkoholische Ausgangsflüssigkeit zunächst in einem geschlossenen Rohr durch den Rektifikator geleitet, um das Prinzip des Wärmetauschers zu nutzen: Während das aufsteigende Alkohol-Wasser-Gemisch durch die kühle Ausgangsflüssigkeit gekühlt wird, wird diese gleichzeitig vorgewärmt, bevor sie in den Analysator gepumpt wird. Der nach Abscheidung aller sonstigen Bestandteile im Rektifikator aufsteigende, reine Wasserdampf wird wieder an den Boden des Analysators geleitet. Ein energiesparender und damit wirtschaftlicher Kreislauf.

Was aber, wenn das Ausgangsmaterial wie bei Grappa keine schwachalkoholische Flüssigkeit, sondern ein schwachalkoholischer Feststoff wie Trester ist? Es sollte deshalb bis in die zwanziger Jahre des zwanzigsten Jahrhunderts dauern, bis man auch Grappa kontinuierlich brennen konnte, eine fließbandartige Transporteinrichtung für den Trester brachte die Lösung. Allerdings nicht den Durchbruch. Der Aromareichtum des Brandes hängt stark von seinem Alkoholgehalt ab. Mehrere, hintereinander geschaltete Rektifikatoren ermöglichen die Herstellung von besonders hochprozentigem Alkohol, der allerdings über wesentlich weniger Aroma verfügt als ein niedriger ausgebranntes Destillat. In vielen Destillerien ist daher die Technik so flexibel steuerbar, dass von reinem, geschmacksneutralem Alkohol, der auch Neutralsprit genannt wird, bis hin zu aromaintensiven Bränden alle denkbaren Destillatsvarianten gebrannt werden können.

Dennoch ist Grappa aus der kontinuierlichen Destillation kaum mit dem intensiven Brand aus der diskontinuierlich arbeitenden Brennblase zu vergleichen; nur wenigen Erzeugern wie der Destillerie Andrea da Ponte gelingt das und ihre Grappa di Prosecco ist eher leicht und elegant als aromaintensiv und charaktervoll. Andererseits ist kontinuierliche Grappa sehr viel leichter und preiswerter zu erzeugen und wird deshalb gerne von Großdestillerien zum Strecken der aufwendig in der Kupferbrennblase gebrannten Grappe verwendet – eine völlig legale Cuvée übrigens.

> folgende Doppelseite
Am Golf von Neapel: der malerische Hafen von Sorrent.

LA BOSCAIOLA
VIA RICCAFANA, 19
25033 COLOGNE BRESCIANO (BS)
TEL. 0307/15596

Immer mehr renommierte Winzer lassen sich überzeugen und von Qualitätsdestillerien mit Rat und Tat bei der Zusammenstellung ihrer Trester unterstützen und diese schließlich zu Grappa brennen. Meisterbrenner Enrico Berta fand deshalb nach der Weinlese 2001 bei diesem lombardischen Weingut ausgezeichnete Voraussetzungen vor. Die so entstandene Mischsatz-Grappa aus Sangiovese, Merlot und etwas Cabernet wurde in der Kupferbrennblase unter Dampf destilliert, in kleinen Fässern aus französischer Eiche harmonisiert und Anfang 2003 abgefüllt. Kleinstmenge mit Jahrgangsangabe!

LA CA' NOVA
LOC. CASA NUOVA, 1
12050 BARBARESCO (CN)
TEL. 0173/635123

In der Enoteca Regionale del Barbaresco mit der Grappa di Nebbiolo da Barbaresco vertretenes Weingut – gute Qualität, dabei bezahlbar.

LA CAPPUCCINA
FRAZIONE COSTALUNGA,
VIA SAN BRIZIO, 125
37030 MONTEFORTE D'ALPONE (VR)
TEL. 045/6175036

Idyllisch in der Anbauzone Soave gelegenes Weingut der Geschwister Elena, Pietro und Sisto Tessari, in dem die drei vor allem feine, fruchtig-frische Weißweine produzieren, aber mit dem Campo Buri auch einen ansprechenden Roten im Programm haben. Gelungene Grappa!

∧ Das Team vo ›La Cappuccina‹.

LA COSTA
AZ. VINICOLA DEI FRATELLI FACCHIN
VIA G. MARCONI, 35
35030 VO' PADOVA (PD)
TEL. 049/9940195

In den Colli Euganei südlich von Padua liegendes Weingut, wo man sich auf die Herstellung von DOC-Weinen sowie Winzersekt spezialisiert hat. Daneben wird Grappa erzeugt, die zwar keine große Rolle spielt, aber dennoch gute Qualität zu gutem Preis bietet.

LA CROCIONA
LOC. LA CROCE
53024 MONTALCINO (SI)
TEL. 0577/848007

Sanfte Rebhänge, knorrige Olivenbäume, lichte Wälder, darin eine

∧ Die Anlage vo ›La Cappuccina‹.

Fattoria und das alles in Montalcino: Toskana-Fraktion – hier findet ihr die Erfüllung eurer Träume. Der Grappa-Fan sucht dagegen aromatische, harmonische Destillate aus den Trestern des Brunello. Wen wundert's, wenn sich alle dann hier treffen?

LA DOGLIOLA

Azienda Agricola di Alberto Quarello,
Regione Infermiera, 226
14051 Bubbio (AT)
Tel. 0144/83557

Piemonteser Weingut, wo neben Wein auch Grappa angeboten wird. Probierenswert etwa die Grappa di Brachetto.

LA DOLCE VITA

Via dei Gelsi, 16,
C. da Valloni
85010 Abriola (PZ)
Tel. 0971/923524

Die Basilikata gilt als staubige, arme Landschaft am Nordende des Mezzogiorno. Das war nicht immer so: Die antiken Griechen, die sich hier vor 3000 Jahren niederließen, wussten warum. Und auch heute noch finden sich kulinarische Oasen wie dieses ökologisch arbeitende Landgut, zu dessen Spezialitäten neben eingelegtem Gemüse und Salami auch feine Grappe gehören, die in der kleinen Osteria probiert werden können. Agriturismo.

LA GERLA

Località Canalicchio
53024 Montalcino (SI)
Tel. 0577/848599

Angesehenes Weingut in Montalcino, das durch Lagen-Brunellos von sich reden macht. Aus den Trestern des Brunello lässt man Grappa destillieren, die auch nach Deutschland exportiert wird.

LA GHERSA

Via S. Giuseppe 19
14050 Moasca (AT)
Tel. 0141.856012

Barbera d'Asti ist wichtigste Rebsorte und wichtigster Wein dieses Piemonteser Weingutes, das unter der Leitung von Massimo Pastura Barbero zielstrebig zur Spitze der Region strebt. Auch empfehlenswerte Winzergrappa.

∧ Weingut ›La Ghersa‹.

LA MASOTTINA

VIA BRANDOLINI, 54
31010 CASTELLO ROGANZUOLO (TV)
TEL. 0438/400775

Im Schloss von Roganzuolo in den Hügeln von Conegliano, der Heimat des Prosecco, liegt das Familienweingut La Masottina, dessen Inhaber sich auf die Herstellung von Prosecco Spumante spezialisiert haben. Daneben wird Wein und eine Grappa di Prosecco erzeugt.

LA MONTINA

VIA BAIANA, 17
25040 MONTICELLI BRUSATI (BS)
TEL. 030/653278

Von Weinprofis geschätztes Wein- und Sektgut aus der Franciacorta, wo man auch eine Grappa di Franciacorta destillieren lässt.

LA MONTINA

FRAZIONE MONTINA
STRADA PER MONZAMBANO
46040 PONTI SUL MINCIO (MN)
TEL. 0376/88202

Nur 3 km vom Gardasee entfernt, am idyllischen Ufer des Mincio liegt dieses Bio-Weingut, dessen Grappe in der Region sehr geschätzt werden. Agriturismo.

LA PALAZZA

VIA DEL TESORO, 23
LOCALITÀ MASSA DI VECCHIAZZANO
47100 FORLÌ (FC)
TEL. 0543/ 769371

In der Emilia Romagna gelegenes Weingut der Familie Drei Donà, die hier besonders ausdrucksstarke Rotweine aus der Sangiovese di Romagna keltert. Sortenreine Grappa.

∧ Die Familie Drei Donà.

LA POCE DES STRIES

LOC. MONTEGNACCO
33010 CASSACCO (UD)
TEL. 0432/881343

In ihrem kleinen Landgut im Friaul verbindet Renata Visentin Gastfreundschaft mit Lebensfreude. Gemüse, Butter, Käse und Honig stammen aus der Öko-Landwirtschaft, Wein und Grappa aus dem wohl bestückten Keller. Zu einem typischen Menü zusammengestellt, das die Verwandtschaft der regionalen Küchentraditionen mit der K.u.k.-Küche nicht verleugnen kann oder will, werden dem Hausgast oder dem einkehrenden Reisenden hervorragende ländliche Genüsse offeriert.

LA PODERINA

LOCALITÀ PODERINA
FRAZIONE CASTELNUOVO ABATE
53020 MONTALCINO (SI)
TEL. 0577/835737

Zur Firmengruppe SAI Agricola gehörendes Weingut im Herzen der Toskana, das nicht nur für erstklassigen Brunello bekannt ist, sondern auch für den seltenen Moscatello di Montalcino.
Die Trester des Brunello werden zu einer fruchtigen und freundlichen Grappa destilliert.

LA RIPA

LOCALITÀ SAN DONATO IN POGGIO
50028 TAVARNELLE VAL DI PESA (FI)
TEL. 0558/072948

Zwischen Florenz und Siena gelegenes Weingut, in dem angeblich Leonardos Mona Lisa aufwuchs. Das mag wahr sein oder nicht – richtig ist auf jeden Fall, dass La Ripa für ausgewogene und fehlerfreie Chianti steht, zudem gefällt der IGT-Toskaner Santa Brigida, dessen Trester den Rohstoff für die gleichnamige Grappa liefern.

LA ROCCA DI SAN NICOLAO

LOC. GAZZELLI
VIA DANTE, 10
18020 CHIUSANICO (IM)
TEL. 0183/52850

10 Kilometer von Imperia entfernt an der Riviera del Ponente gelegenes historisches Weingut mit eigener Ölmühle, wo neben Wein und Öl auch Grappa erzeugt wird. Agriturismo.

LA SERRA DEL PINO

LOC. LE VEDOVE, 2
56040 MONTESCUDAIO (PI)
TEL. 0586/650437

Zwischen Weinbergen, Olivenhainen und Wäldern liegt dieses ökologisch arbeitende Weingut im oberen Teil der Maremma. Die Grappa des Hauses wird nur in kleinen Mengen produziert und nur vor Ort angeboten – ebenso wie die anderen ländlichen Produkte: Olivenöl, eingelegte Früchte, Pilze, Obst und Marmelade. Agriturismo. Probieren lohnt sich.

LA SPINOSA

VIA LE MASSE, 8
50021 BARBERINO VAL D'ELSA (FI)
TEL. 055/8075413

Toskanisches Bio-Weingut mit kleiner Grappa-Produktion, die nur vor Ort angeboten wird. Agriturismo.

LA TORRE DI PASINI

VIA TORRE, 1/3
25080 CALVAGESE DELLA RIVIERA (BS)
TEL. 030/601034

Traditionell arbeitendes Weingut auf der lombardischen Seite des Gardasees, wo die ganze Bandbreite der Garda-Classico-Weine erzeugt wird. Neben einer Mischsatz-Grappa, die Grappa di Fattoria genannt wird, gibt es eine Grappa aus den Trestern des DOC-Weines Gropello.

LA TRAVA

CASCINA TRAVA, 2
12056 MANGO (CN)
TEL. 0141/89591

Piemontesisches Familiengut, in dem die umtriebige Maria Grazia Rivetti beweist, dass ihre Moscatos eher orangen- denn mangotönig sind – was dem Charme der Weine gut tut. Auch die Grappa di Moscato ist gelungen.

LA VERSA

VIA F. CRISPI, 15
27047 SANTA MARIA DELLA VERSA (PV)
TEL. 0385/798411

Vermarktungsgemeinschaft aus dem Anbaugebiet Oltrepo Pavese der Lombardei, die auch über eine eigene Brennerei verfügt, in der vorwiegend rebsortenreine Grappe hergestellt werden, u. a. aus Pinot Grigio, Chardonnay und Bonarda, die hier Croatina genannt wird.

?! LAGERUNG

Bei Grappa dient die Lagerung nicht der Aufbewahrung oder Vorratshaltung, sondern der Entwicklung. Durch die Lagerung verändern sich die Destillate in ihrem Aromaprofil erst zu dem, was der Liebhaber erwartet: reife, runde Brände statt rauer Gesellen. Denn das sind alle Spirituosen, wenn sie glasklar aus der Brennblase fließen. Zwar sind Weindestillate, Tresterbrände, Obstbrände und Tequila auch dann schon angenehm und vielversprechend zu probieren, wirklichen Genuss bieten sie noch nicht. Jungdestillate sind eckig, kantig, unharmonisch und rau. Erst durch angemessene Lagerung und die dadurch erfolgenden chemischen und physikalischen Prozesse entwickeln sich die Primäraromen, die Aromen aus dem Destillat selbst, zu harmonischem Nebeneinander. Zwei Möglichkeiten der Lagerung lassen sich generell unterscheiden, die Lagerung im Tank und die Lagerung im Fass. Gesetzlich vorgeschrieben ist für Grappa nur eine mindestens sechs Monate dauernde Lagerung in Edelstahltanks oder Glasballons, die Holzfasslagerung wird aber zunehmend beliebter. Bei der Tanklagerung wird das Destillat lediglich harmonisiert, es erhält weder Farbe noch Sekundäraromen, also nach der Destillation hinzutretende Aromen aus dem Kontakt mit Holz. Der Tank kann dabei aus Edelstahl, Beton, Ton oder Kunststoff hergestellt sein, wichtig ist lediglich die Neutralität des Materials gegenüber dem Destillat. Diese Lagerung kann unter Luftabschluss oder unter Luftkontakt durchgeführt werden. Das Destillat bleibt wasserklar. Bei der Lagerung im Holzfass findet ein Austausch zwischen den fruchtigen Aromastoffen des Destillats und den Geschmackseinflüssen des Holzes statt. Die Qualität des ausgereiften Destillats hängt so stark von der Qualität des verwendeten Holzes ab, dass zahlreiche Hersteller eigene Küfereien besitzen, die sich nur mit der Herstellung und Pflege der Fässer beschäftigen. Als optimale Fassgröße zum Erziehen von jungen Destillaten wird das etwa 225 l fassende Barrique betrachtet. In dieser gebräuchlichsten Fassgröße entsteht nach Expertenansicht das ausgewogenste Verhältnis zwischen Primär- und Sekundäraromen zum einen und zwischen Verdunstung von Alkohol durch die Porosität des Holzes und der Reife des Brandes zum anderen. Ist ein Jungdestillat reif genug zum Verschneiden, wird die so entstandene Cuvée meist weitere Monate oder gar Jahre in einem riesigen, manchmal mehrere Hektoliter fassenden Tonneaux aufbewahrt, da sich durch das geringere Oberflächenverhältnis die Brände

^ Lagrein-Anbaugebiet Südtirol.

hier kaum noch verändern, lediglich harmonisieren.
Wichtigste Holzsorte für Fässer ist Eichenholz. Daneben findet auch das keine Farbe abgebende Holz der Esche und das Kirschholz zum Fassbau Verwendung. In Italien werden Brände auch gerne einige Zeit in Kastanienholz gereift, die daraus stammende sehr dunkle und intensive Farbe des Destillats macht es möglich, es als natürlichen Farbstoff beim Verschneiden einzusetzen. Vor der Erstbefüllung muss das Holzfass vorbereitet werden. Durch das Ausspülen mit heißem Wasser unter Druck, dem so genannten Dämpfen, werden Harzreste und allzu intensive Geschmacksstoffe entfernt. Häufig wird das Fass zusätzlich noch mit Destillat ausgespült, bevor es das erste Mal gefüllt wird.

LAGREIN

Typische Rotweinrebsorte des Alto Adige. Die daraus entstehenden Weine sind säurebetont und eher leicht, die Trester eignen sich daher hervorragend zur Destillation von Grappa >Roner.

LATIUM

Zwischen der Apennin-Kette und dem Tyrrhenischen Meer im Herzen des einstigen römischen Imperiums gelegenes Weinanbaugebiet mit jahrtausendealten Wurzeln. Die wichtigsten Anbauzonen, darunter 24 DOC- und 5 IGT-Gebiete, verteilen sich auf die Hügel im Norden und Süden von Rom. In den letzten Jahren erlebt das Gebiet eine Aufwärtsbewegung, in der die Sünden der Massenweinproduktion wieder gutgemacht und qualitativ ansprechende Weine gekeltert werden. Im Zuge dieser Bestrebungen wurde auch Grappa als Möglichkeit der Imageverbesserung entdeckt. Seither lohnt neben Rom auch eine Entdeckungsreise nach Latium.

Cantina do Spade
quà se magna
e se bevè
ombre e
cichetti
ala venexiana
e se voe anca e
bruscete ghe xe

Cantina "do Spade"
tages menu
Deutsch
Cantina "do Spade."
Française
English

LAZZARETTI, DESTILLERIE

Via Clementi, 35
38015 Lavis (TN)
Tel. 0461/41553

Angesehene Destillerie im Trentino, traditionelle Arbeitsweise.

LE CALDANE

Frazione Colà
37010 Lazise (VR)
Tel. 045/7590300

Nur wenige Kilometer südlich des Gardasees liegt dieses Bioweingut mit Landhotel in einer Landschaft, von deren Weinen schon die Römer schwärmten. Dass daraus auch gute Tresterdestillate entstehen, beweist die leider nur in kleinen Mengen erhältliche Grappa. Verkostung vor Ort. Ein Tipp: der Aceto Balsamico.

LE CHIUSE

Loc. Pullera
53024 Montalcino (SI)
Tel. 0577/848595

Erst vor kurzem wurden die Weine von Simonetta Valiani entdeckt – eine Bereicherung, denn hier wird ökologisch gewirtschaftet. Das Ergebnis kann sich sehen lassen, ebenso wie die Tresterdestillate. Unbedingt auch die eingelegten Früchte probieren. Agriturismo.

LE DUE TORRI

Loc. Visinale del Judrio
Via San Martino, 19
33040 Corno di Rosazzo (UD)
Tel. 0432/759150

Im Zentrum des biologisch arbeitenden Landgutes steht heute noch die historische Mühle, in der man vor dem Kauf die Grappe verkosten kann.

LE FILIGARE

Località San Donato in Poggio
Via Sicella, 37
50021 Barberino Val d'Elsa (FI)
Tel. 055/8072796

Besitzer Carlo Burchi und sein Önologe Dr. Luciano Bandini haben gut lachen, denn ihre Weine werden nicht nur in der Toskana, sondern in der gesamten Weinwelt hoch geschätzt. Hauptsächlich wird Chianti Classico DOCG erzeugt, daneben entsteht Vin Santo, dessen Trester ebenso wie die des Chianti Classico zu Grappa destilliert werden.

LE GINESTRE

Frazione San Pankratio, Loc. I Greti
52020 Bucino (AR)
Tel. 055/9919032

Toskanisches Weingut mit guten Wein- und Grappaqualitäten zu erschwinglichen Preisen. Agriturismo.

LE PERGOLE TORTE

>Montevertine

LE PUPILLE

Località Istia d'Ombrone
Piagge del Maiano, 92/A
58051 Magliano in Toscana (GR)
Tel. 0564/4095517

Aufstrebendes Weingut des engagierten Winzerpaares Elisabetta Geppetti und Stefano Rizzi. Die lokale Spezialität Morellino di Scansano kommt hier wieder zu aktuellen Ehren. Der Wein wird überwiegend aus Sangiovese mit kleinen Anteilen Ciliegiolo, Canaiolo und Alicante gekeltert, aus den Trestern entsteht die Grappa delle Pupille.

LEONE DE CASTRIS

Az. Agr. Vitivinicola dei Conti Leone de Castris
Via Senatore De Castris, 26
73015 Salice Salentino (LE)
Tel. 0832/731112

Am derzeitigen Boom der apulischen Weine sind die Grafen Leone de Castris nicht ganz unschuldig: Sie bewiesen nicht nur sich und der Weinwelt, sondern auch zunächst skeptischen Nachbarn, dass man in Apulien Besseres anbauen kann als zwar farbintensive, aber aromaschwache Deckweine zum Verkauf in den renommierteren Norden. Denn das funktioniert beispielsweise seit über 50 Jahren beim Rosé, dem schwierigsten Weintyp Apuliens. Und weil der Five Roses so spritzig und elegant ist, wird daraus Jahr für Jahr ein ebenso edler wie belebender Traubenbrand (Aquavite d'Uva) destilliert.

LES CRETES

Loc. Villetos, 50
11010 Aymavilles (AO)
Tel. 0165/902274

Ein bekanntes Weinhaus des Aostatales, das sich stilmäßig zwar eher an Frankreich versucht, bei der Destillation von Grappa die Zugehörigkeit zu Italien aber nicht vergisst. Neben der Grappa Pettire Arvine lässt Inhaber Constantino Charrère aus dem Vorzeigeroten Coteau La Tour Grappa brennen, die für die Enoteca Regionale della Serra ausgewählt wurde.

LETRARI

Palazzo Lodron, 4/6
38060 Nogaredo (TN)
Tel. 0464/411093

Mit Lucia Letrari herrscht seit kurzem eine Weinmacherin mit eigenem Profil in der Kellerei zwischen Rovereto und Isera. Sortenreine Trentino DOC-Weine ergänzt sie durch eine an Vorbildern aus dem Bordelais orientierte IGT-Cuvée aus einer ungewöhnlichen Kombination aus Cabernet, Merlot und Lagrein namens Ballistarius und lässt aus den sortenreinen Trestern des Chardonnay, des Rosenmuskatellers und des Marzeminovon Grappe destillieren.

LEVI, ROMANO

VIA XX SETTEMBRE
12057 NEIVE (CN)

Romano Levi verkörpert wie kein anderer den Kult um La Grappa – Bauernschnaps und Edelspirituose. Der Brenner hatte es sicherlich nicht darauf angelegt, zu einem derartigen Mythos zu werden, das haben schon früh seine ersten Fans besorgt, die von der Ursprünglichkeit des Piemontesers begeistert waren. Seine Grappe destilliert er in einem altmodischen Destillierkolben mit Direktbefeuerung und riskiert dabei schon mal, dass seine Maische anbrennt. Das ist dann für seine Fans Teil des ›typischen Levi‹-Aromas, der diese hochpreisigen Grappe so authentisch wirken lässt. Kritischer eingestellte Grappafreunde sprechen bei dem durchs Anbrennen verursachten Gummiton allerdings von empyreumatischen Röstaromen und spotten über die »Grappa Pirelli« aus dem Piemont. Letztendlich ist es Geschmackssache, ob man sich den Genuss einer Levi-Grappa gönnen möchte oder nicht. Ins Reich der Phantasie gehört allerdings die Mär von der Seltenheit der Grappe aus Neive – nahezu jeder Weinhändler kann heutzutage für solvente Kunden Levi-Grappe auf Wunsch besorgen.

LIBRANDI

STRADA STATALE, 106
CONTRADA SAN GENNARO
88072 CIRO'MARINA (KR)
TEL. 096231518

Eines der für das aufstrebende >Kalabrien wegweisenden Weingüter. Trotz zahlreicher Weinbergsneuerwerbungen gilt die besondere Sorgfalt immer noch dem zentralen Wein des Gutes, dem Cirò. Die Gaglioppo-Trester des Rotweines Torre Brezia werden bei Comar in Aquileia doppelt diskontinuierlich zu einer Vorzeigegrappa gebrannt.

LI.DI.A., DISTILLERIA

VIA BERICO EUGANEA, 30
FRAZIONE BELVEDERE
36020 VILLAGA (VI)
TEL. 0444/885074

Bei Vicenza gelegene Grappadestillerie, die nach traditioneller und aufwändiger Methode destilliert. Besichtigungsmöglichkeit.

LIGURIEN

Als Weinbauregion steht Ligurien keinesfalls an vorderer Stelle in Italien, denn in dem von felsiger Küste dominierten Landstrich am Mittelmeer wächst Wein nur dann, wenn sich Winzer besondere Mühe damit machen. Das aber lohnt sich nur an wenigen Stellen. Gleichzeitig verzetteln sich die Winzer mit mehr als 123 Rebsorten, von denen nur wenige sich durchsetzen können. Noch haben nicht allzu viele Weinbauern Liguriens die Destillation von Grappa als einträgliches Geschäft entdeckt. Zwar kann man in nahezu jedem Weingut auch köstliches, natives Olivenöl kaufen, Grappa aber ist eine Seltenheit. Doch die Suche danach lohnt sich.

LILLIANO, TENUTA DI

LOCALITÀ LILLIANO
53011 CASTELLINA IN CHIANTI (SI)
TEL. 0577/743070

Gut geführtes Weingut im Zentrum des Chianti-Classico-Gebiets, wo man neben Wein und Olivenöl auch Grappa in kleinen Mengen herstellt. Ein Tipp für Sammler, die hier auch übernachten können.

LIVERNANO

Località Livernano
53017 Radda in Chianti (SI)
Tel. 05577/738353

Toskanisches Familienweingut, dessen beide Grappe bei Kultbrenner Nannoni destilliert werden. Daneben entsteht origineller ›Gin di Fattoria‹ aus Ginsterzweigen (!).

LIVON

Località Dolegnano
33048 San Giovanni al Natisone (UD)
Tel. 0432/757173

Großes Weingut mit über 140 ha Rebhängen, das den Brüdern Dorino, Tonino und Valneo Livon gehört. Das besondere Interesse der Brüder gilt ihren Trestern und Trauben, aus denen eine ganze Range an feingliedrigen Grappe und Acquavite d'Uva in der für hohe Qualitäsmaßstäbe bekannten Destillerie Domenis Cividale del Friuli gebrannt wird.

LOREDAN-GASPARINI

Conte Loredan-Gasparini-Venegazzù
Via Martignano Alto, 24
31040 Venegazzù del Montello (TV)
Tel. 0423/870024

Im Herzen des Prosecco-Gebiets nördlich von Venedig liegt dieses auf Spumante und Vino Frizzante spezialisierte Gut, das aber auch gute Rotweine anbieten kann. Bei Grappa bleibt man lieber klassisch,

destilliert feinwürzige Prosecco-Trester und lagert das Destillat einige Zeit in Eichenfässern, um mehr Tiefe zu erzielen. Mit Erfolg.

LOMBARDEI

Eine der spannendsten Weinbauregionen für den Grappafan. Hier wird seit vielen Jahrhunderten Grappa gebrannt und so haben sich Traditionen und Unternehmen entwickelt, die heute noch den Motor für die Region bilden. Die Lombardei ist besonders fruchtbares Weinland und so finden sich hier Trester im Überfluss. Vor allem die weißen Trester des Lugana vom Westufer des Gardasees und die Spumante-Trester der Franciacorta sorgen für kristallklare, feingliedrige Destillate. Auch das Valtellinatal mit seinen in Höhenlagen gereiften Rotweinen bietet gute Voraussetzungen. Zudem liefert das benachbarte Piemont Nachschub an Trestern mit den für gute Qualitäten nötigen kurzen Transportwegen, so dass sich in der Angebotsliste vieler Destillerien neben der geschützten Herkunftsbezeichnung Grappa della Lombardia auch die beiden DOC-Bezeichnungen Grappa del Piemonte und Grappa di Barolo finden lassen.

LONARDI, GIUSEPPE

Via delle Poste, 2
37020 Marano di Valpolicella (VE)
Tel. 045/7755154

Erst vor 18 Jahren gegründetes Weingut, das sich schnell einen hervorragenden Ruf in der Valpolicella-Gegend erarbeiten konnten. Aus den Amarone-Trestern entsteht die Grappa des Hauses, die in den zum Gut gehörenden Ristorante Antica Trattoria da Bepi verkostet werden kann.

LUCE

>Castelgiocondo.

LUGANA

Kleines Weinbaugebiet am Südufer des Gardasees mit guten Weißweinen, vorwiegend Trebbiano und Vernaccia, aus deren Trester gute Grappe entstehen.

LUNGAROTTI

Via Mario Angeloni, 16
06089 Torgiano (PG)
Tel. 0759/88661

Wahrscheinlich der bekannteste Name, wenn es um den Aufstieg des umbrischen Weines in die italienische Spitzenklasse geht, denn hier erdachte Dottore Giorgio Lungarotti die Erfolgsstrategie erst für seine und dann die Weine seiner Nachbarn. Auch Grappa wurde nicht vergessen: die Grappa Rubesco ist eine der interessantesten Italiens.

LUPI

Via Mazzini, 9
18026 Pieve di Teco (IM)
Tel. 0183/276090

Weingut in Ligurien mit Grappa- und Olivenölerzeugung.

Sacchetto

MACCARINI
Loc. Gravanago, 17
27040 Fortunago (PV)
Tel. 0383/875580
Biologisch orientiertes Weingut südlich von Pavia mit kleiner Grappa-Produktion und charmantem Landhotel.

MACI, MARCO
Azienda La Mea
Via San Marco, 61
72020 Cellino San Marco (BR)
Tel. 0831/ 617689
120 ha großes Weingut in Apulien, wo nicht nur nach Meinung des Gambero Rosso exzellente Weine erzeugt werden. Auch die Grappa Giovannella ist interessant, wenn auch schwer zu bekommen.

MACULAN
Via Castelleto, 3
36042 Breganze (VI)
Tel. 0445/873733
Fausto Maculan ist ein Winzer mit Ideen, der seiner Zeit immer ein Quentchen voraus ist. Derzeit setzt er auf Frucht und Aromafülle, was man auch den Grappe anmerkt. Ob kristallklar oder bernsteinfarben aus dem Holzfass: Was immer von Maculan als Destillat in Flaschen gefüllt wird, erfüllt die höchsten Ansprüche. >Poli, Jacopo.

MADONNA DELLE GRAZIE
Loc. Madonna delle Grazie, 6
06064 Città della Pieve (PA)
Tel. 0578/299622
Der Trasimeno-See im Grenzland Umbriens zur Toskana verleiht der Region ein ganz eigenes Klima. Was den Weinbauern freut, gefällt auch dem Bio-Landwirt: hier kann erfolgreich auf Dünger und Spritzmittel verzichtet werden. Dass die Ergebnisse überzeugen, zeigt sich beim Besuch im gastfreundlichen Weingut mit Landhotel. Die leckere Küche ist toskanisch-umbrisch geprägt, die Weine passen gut dazu und danach schmeckt eine Grappa aus den Trestern der Weine der Colli del Trasimeno.

MAGNOBERTA, DISTILLERIA
Via Asti, 6
15033 Casale Monferrato (AL)
Tel. 0142/452022
Piemontesische Traditionsdestillerie, die auch gerne für Weingüter tätig wird. Doch auch die hauseigenen Destillate sind gut.

MAINERDO, F.LLI
Via Moretta, 20
12057 Neive (CN)
Tel. 0173/67056
In der Enoteca Regionale del Barbaresco mit der Grappa di Nebbiolo da Barbaresco vertretenes Weingut – gute Qualität, dabei bezahlbar.

MAIONCHI, FATTORIA
Loc. Tofori
55012 Capannori (LU)
Tel. 0583/978194
In einem Landhaus aus dem 16. Jahrhundert befindet sich dieses Weingut, das auf biologischen Anbau setzt. Gäste sind gerne willkommen, zu einer Probe von Wein und Grappa, aber auch zur Übernachtung.

MAJOLINI
Via Manzoni
Località Valle
25050 Ome (BS)
Tel. 030/6527378
Eines der besten Franciacorta-Sektgüter, bei dem sich die jahrelange

Investition in Weinberge und Kellerei ausgezahlt hat. Zudem ist Enzi Majolini ein charmanter Gastgeber, dem man auf der Italienrückreise unbedingt zu einer Kostprobe des edlen Sprudlers und der ebenso noblen Grappa di Franciacorte einen Besuch machen sollte.

MALVASIA

Schon in der Antike sang man dem Malvasier Loblieber. Heute wird die Rebsorte in ganz Italien angebaut und verleiht dank ihres vollfruchtigen, sehr aromatischen Aromas selbst Massenweinen noch einen Hauch von Ars Vivendi. Eine Qualität, die auch in der Cuvée des Chianti Classico sehr bewusst eingesetzt wird. Was der Malvasier allerdings als Solist leisten kann, beweist er in Sizilien und auf den Liparischen Inseln. Der Malvasia delle Lipari ist ein exzellenter Vertreter eines bukettreichen, lagerfähigen Likörweins, der das typische Würzbukett auch seinem Destillat mitgibt. >Giovi.

MALVASIA NERA

Malvasia Nera ist die seltene, rote Spielart des Malvasiers. Bei der Destillation von Rotwein-Cuvées, die Malvasia Nera enthalten, entstehen bukettreiche, meist rosentönige und in der Regel feingliedrige Grappe. >Rosa del Golfo.

MAMETE PREVOSTINI

Via D. Primo Lucchinetti, 67
23020 Mese (SO)
Tel. 0343/41003

Weingut mit Restaurant im Valtellina-Tal der Lombardei. Die Grappa Corte di Cama entsteht aus den Passito-Trestern des gleichnamigen Weines, deren hoher Extraktreichtum zu einem intensiven Aroma führt. Die Grappa Valtellina wird wie die Grappa Corte di Cama diskontinuierlich im Dampf-Alambic destilliert, allerdings aus einem Trestermischsatz. Daraus entstehen auch mit Waldbeeren aromatisierte Frucht-Grappe.

MANGILLI

Via Tre Avieri, 12
33030 Flumignano
di Talmassons (UD)
Tel. 0432/766248

Destillerie mit einer der ältesten Grappa-Traditionen Italiens, in der neben einer Standard-Linie auch verschiedene Edel-Grappe gebrannt werden.

MANTELLASSI

Località Banditaccia, 26
58051 Magliano in Toscana (GR)
Tel. 0561/592037

Familienweingut in der Maremma, dem jüngsten Anbaugebiet der Toskana. Aus den sortenreinen Trestern des Morellino di Scansano werden bei >Nannoni die Grappa Bianca ›Le

Carbonaiole‹ und die Grappa Riserva ›Querciolaia‹ gebrannt.

MARANGONA

Loc. Antica Corte Ialidi
25010 Pozzolengo (BR)
Tel. 030/919379

Seit dem 16. Jahrhundert wird hier Wein angebaut. Heute ist der Lugana der bedeutendste davon, daneben wird Honig, Olivenöl und Grappa produziert.

MARKEN

Die Marken, italienisch Marche genannt, waren über Jahrhunderte hin fruchtbares Grenzland – ein Küstenstreifen, mit dem es erst wirklich aufwärts ging, als Frieden einkehrte. Wie in vielen warmen Gegenden ist auch hier der Wein meist vollfruchtig und wuchtig, ohne die für wahre Klasse nötige Säure zu besitzen. Löbliche Ausnahme ist der Verdicchio, ein frischer, rassiger Weißwein mit angenehmer Frucht, dessen beste Vertreter aus Castelli di Jesi, Matelica und Serrapetrona stammen. Auch die Rotweine vom Rosso Conero bei Ancona, die aus der hier heimischen und weit verbreiteten Rebsorte Montepulciano gekeltert werden, erreichen in den letzten Jahren immer häufiger Auszeichnungen im inneritalienischen Vergleich. Gute Voraussetzungen für die konsequente Aufbauleistung vieler Weinerzeuger hin zu renommierten Qualitätsbetrieben, in denen nicht selten auch vorzügliche Grappe destilliert werden.

MAROLO, DISTILLERIA FRATELLI

Corso Canale, 105/1
12067 Mussotto d'Alba (CN)
Tel. 0173/331444

Paolo Marolo ist seit vielen Jahren einer der Spitzenbrenner Italiens. Kein aktueller Trend, den er nicht mit kühler Überlegung betrachtet. Entscheidet er sich dafür, erwacht die brennende Leidenschaft: Monovitigno-Grappe, Winzergrappe bekannter Weingüter, Lagen-Grappe erlesener Herkunft gehören genauso zum Programm seiner Distilleria Santa Teresa wie die Überlegung, der Gastronomie den Verkauf auch edelster Grappe kalkulierbar zu gestalten: zahlreiche Produkte gibt es in eleganten Glasflaschen und in schlichten Nachfüllgebinden. Seit neuestem hat er die große Pralinentradition des Piemont entdeckt. Seine Grappa-Trüffel sind sensationell und machen verständlich, warum die handwerklich gefertigten Pralinen des Piemont in einem Zug mit belgischer und Schweizer Spitzenconfiserie genannt werden.

MARSAGLIA, EMILIO

Via Mussone, 2
12050 Castellinaldo (CN)
Tel. 0173/213048

Kaum ein Weinbaugebiet Italiens ist so aktiv auf der Suche nach empfehlenswerten Grappe, die dann für die regionale Enoteca ausgewählt, dort präsentiert und verkauft werden, wie die Roero-Region. Diese Ehre wurde auch der vorzüglichen Grappa des Weingutes Marsaglia zuteil, die in der Enoteca Regionale del Roero angeboten wird.

MARTELLETTI

Corso Onin Giachino
14023 Cocconato (AT)
Tel. 0141/907856

Piemonteser Weingut, das auch für gute Monovitigno-Grappe bekannt ist, vor allem für die Grappa di Brachetto.

MARTINI, LORENZ

Via Pranzol, 2D
Loc. Cornaiano/Girlan
39050 Appiano/Eppan (BZ)
Tel. 0471/64136

Winzige Wein- und Sektkellerei, bekannt für Spumante aus Chardonnay. Lorenz Martini ist einer der wenigen Winzer, der es schafft, seiner weichen und runden Grappa aus dem schwierigen Chardonnay Charakter einzuhauchen. Nur Kleinstmengen.

MARZADRO, DISTILLERIA

Via G. di Vittorio, 19
38068 Rovereto (TN)
Tel. 0464/435595

Eine der besten Destillerien des Trentino. Vor allem die Grappa di Cabernet und die Grappa di Marzemino sollten Fans seltener Monovitigno-Grappe nicht verpassen.

MARZEMINO

Beliebte Rebsorte im Trentino und in der Lombardei, die in der Regel auch erstklassige Monovitigno-Grappe ergibt. >Marzadro.

^ Das Weingut Maso Toresella gehört zu >Cavit.

MASCHIO, BENIAMINO

Via San Michele, 70
31020 San Pietro di Feletto (TV)
Tel. 0438/450023

Eine der bekanntesten Grappadestillerien Italiens. Regionales, nur sanft gepresstes und dank kurzer Transportwege frisches Trestergut bildet die Grundlage für die traditionell im Kupfer-Brennapparat mit Dampfbefeuerung gebrannten Grappe der Spitzenkategorie.

MASCHIO, BONAVENTURA

Via Vizza, 2
31018 Gaiarine (TV)
Tel. 0434/756611

1919 von Bonaventura Maschio aus der Taufe gehobene Destillerie. Der Gründer konnte sich dabei auf die von seinem Vater Giuseppe ererbten Brennblasen wie auch Brennkenntnisse stützen. Heute noch im Familienbesitz, hat sich das Unternehmen zu einem der Schrittmacher in der Herstellung von Destillate d'Uve entwickelt, von denen man sich größeren Erfolg beim Kunden erhofft. Speziell für die Herstellung von Traubenbränden wurde eine neue Brennanlage aus Kupfer konzipiert, die bei besonders niedrigen Temperaturen betrieben werden kann, um so einen ausgeprägt traubigen Charakter und fruchtige Weichheit zu erhalten.

MASO NELLO

Via Pineta
38010 Faedo (TR)
Tel. 0461/650384

Hoch über dem breiten Flusstal der Etsch liegt das ökologisch arbeitende Weingut Maso Nello oberhalb des idyllischen Bergdörfchens Faedo. Die kleine, bodenständige Osteria mit nur einem Menü am Abend ist ein wahrer Geheimtipp. Und danach eine Grappa. Und noch eine... Bis dahin sollte man am besten eines der schlichten, aber gemütlichen Zimmer im Haus gebucht haben oder man muss den langen Abstieg zu Fuß wagen.

MASO TORESELLA

>Cavit.

MASTROBERARDINO

Via Manfredi, 89
80342 Atripalda (AV)
Tel. 082/5614111

Der Schrittmacher der Weinbauregion Kampanien: Antonio Mastroberardino ist seit 1945 Chef des über 330 ha Anbaufläche verfügenden Weinguts der Gebrüder Mastroberardino. Einsatz modernster Technik, vor allem aber das konstante Qualitätsstreben sorgen für einen stets guten Ruf. Neben Standardweinen werden mit besonderer Sorgfalt die Lagenweine Vignadora, Radici di Lapio, Vignadangelo und Novaserra ausgebaut. Aus den Trestern einiger sortenreiner Weine wird Grappa destilliert, die ebenfalls durch ihre Klasse besticht.

MASTROIANNI

Poderi Loreto San Pio
Castelnuove dell'Abate
53024 Montalcino (SI)
Tel. 057/7835681

Antonio Mastroianni hat sein Weingut in den letzten 30 Jahren aus einer ursprünglich verfallenen Fattoria mit verwilderten Weinbergen wieder aufgebaut. Heute gehört er zu den großen Weinmachern in Montalcino. Von Anfang an war die Destillation von Grappa Antonios persönliches Anliegen. Man schmeckt's!

MAZZETTI, DISTILLERIA PIETRO

Strada Rizzi, 18
14030 Montemagno d'Asti (AT)
Tel. 0141/63150

Seit mehr als 150 Jahren wird in dieser Piemonteser Traditionsdestillerie im aufwendigen Wasserbad-Verfahren gebrannt – heute kommen aus dem entdeckenswerten Haus zeitlos-feine Grappe in eleganten, aber schlichten Glasflaschen.

MAZZI, ROBERTO & FIGLI

Frazione Sanperetto
37024 Negrar (VR)
Tel. 045/7502072

Valpolicella-Weingut mit gutem Namen, vor allem, seit die Mazzi-Söhne Antonio und Stefano sich intensiv um Qualitätssteigerungen der ohnehin schon immer ansprechenden Weine bemühen. Aus den Trestern ihres Amarone (70% Corvina, 25% Rondinella und 5% Molinara, die nach der Lese ein halbes Jahr luftgetrocknet wurden) ließen die beiden beim Spezialisten Carolo >Gobetti eine Grappa brennen, die allerdings nur vor Ort probiert und gekauft werden kann.

MERLOT

Die meistangebaute Traube des Bordelais hat auch in Italien ihren festen Platz gefunden. Sortenreine Merlots sind allerdings selten und eher im Mittelklassesegment anzutreffen, während der Merlot in Kombination mit Cabernet Sauvignon, Cabernet Franc und Sangiovese die Basis für zahlreiche Super-Toskaner darstellt. Grappa di Merlot ist probierenswert, wenn man sie sortenrein findet, denn die Voraussetzungen für die Destillation der Trester sind gut. >Ornellaia, Villa de Varda.

MINUTO, FRATELLI

Via Torino, 54
12050 Barbaresco (CN)
Tel. 0173/635138

In der Enoteca Regionale del Barbaresco mit der Grappa di Nebbiolo da Barbaresco vertretenes Weingut – gute Qualität, dabei bezahlbar.

MISCHSATZ

Trestermischung aus verschiedenen Rebsorten. Früher die traditionelle Art, Grappa zu destillieren: alle Trester eines Weingutes wurden zusammengeschüttet und in einer Partie gebrannt. Heutzutage halten traditionelle Brenner an diesem Konzept fest, weil sie so im optimalen Fall eine größere Komplexität und eine breitere Aromenspanne erzielen können. Für den Mischsatz werden jedoch nicht mehr alle Trester genommen, die anfallen, sondern eine selektive Zusammenstellung hergestellt.

MITTELLAUF

auch Herz, ital.: Cuore. Der Teil eines Brenndurchlaufs, der nach Abtrennung von Vor- und Nachlauf zur Lagerung und nach Herabsetzung auf Trinkstärke schließlich als Grappa in den Handel kommt.

MOLINO, FRANCO

CASCINA ROCCA
FRAZIONE ANNUNZIATA, 117
12064 LA MORRA (CN)
TEL. 0173/50380

Barolo-Weingut; die Grappa di Barolo ist ausgewogen und mild und auch hierzulande erhältlich.

MOLISE

Die nach dem Aostatal zweitkleinste Weinbauregion Italiens ist weder vom Klima noch von der Lage her sonderlich begünstigt: Das karge Gebirgsland südlich der Abruzzen bietet kaum gute Voraussetzungen zum Qualitätsweinbau. Die stetige Fortentwicklung der Weinbergs- und Kellereitechnologie hilft jedoch: Seither kommen immer wieder auch aus Molise Qualitätsweine, deren Probe lohnt. Vor allem die international erfolgreichen Rebsorten wie Chardonnay, Cabernet, Pinot Bianco und Pinot Grigio scheinen hier zu reüssieren, aber auch aus Montepulciano und Trebbiano d'Abruzzo werden entdeckenswerte Weine gekeltert. Die Entwicklung einer eigenständigen Grappakultur hängt jedoch zu sehr vom Imagestatus der zugehörigen Weine ab. Grappe aus Molise sind zwar in der Regel von guter Qualität, aber selten.

MONDAVI

>Castelgioconda, Ornellaia.

MONICA

Die rote Rebsorte Monica ist spanischen Ursprungs und kommt in Italien nur auf Sardinien vor, ist dort aber weit verbreitet. Die Weine daraus sind in der Regel leicht und wenig körperreich, allerdings gibt es den Monica di Cagliari, der edelsüß, weich und samtig ist. Grappe aus Monica sind nur lokal auf der Insel zu entdecken.

MONOVITIGNO

Bezeichnung für rebsortenreine Grappa.

MONSUPELLO

VIA SAN LAZZARO, 5
27050 TORRICELLA VERZATE (PV)
TEL. 0383/896043

Seit 1893 bestehendes Weingut im Oltrèpe Pavese, wo neben Wein auch eine Mischsatz-Grappa angeboten wird, die schlicht ›La Grappa‹ heißt.

MONTAGNER

Via Callalta, 3
31045 Motta di Livenza (TR)
Tel. 0422/861800

Wein- und Sektkellerei aus dem Veneto, die auch eine ganze Range von ordentlichen Grappe anbietet, etwa Grappa La Rossa, Cartizze- und Prosecco-Grappa, Graspa, Grappa di Monovitigno aus Chardonnay, Moscato, Pinot Grigio und Cabernet.

MONTANARO, DISTILLERIA

Via Garibaldi, 6
12060 Gallo Grinzane (CN)
Tel. 0173/262014

Eine der ersten Destillerien, die sich auf die Erzeugung von sortenreinen Grappe spezialisierte. Dank guter Kontakte zu den Winzern des Piemont kam man an die entsprechenden Trester, die entweder im Winzerauftrag oder für die eigene Produktlinie gebrannt wurden. Empfehlenswert sind die Grappa di Arneis, die Grappa di Barolo sowie die fassgereifte Mischsatz-Grappa Stravecchia.

MONTE CICOGNA

Via Delle Vigne, 6
25080 Moniga del Garda (BR)
Tel. 036/5503200

Weingut auf der lombardischen Seite des Gardasees, das sich seit vier Generationen in Familienbesitz befindet. Neben Wein wird hier auch erstklassiges Olivenöl erzeugt. Die Grappa stammt aus dem schon zu römischen Zeiten gerühmten Lugana.

MONTEBELLI

Località
Molinetto Caldana
58020 Grosseto (GR)
Tel. 0566/ 887100

Agriturismo-Weingut mit 102 ha Rebland in der Maremma. Neben Wein (Fabula) wird auch Olivenöl und Grappa produziert, die teilweise als Grappa Bianca, aber auch in einer fassgereiften Riserva-Qualität angeboten wird. Die schonende Dampfdestillation führt zu guten Ergebnissen.

MONTECCHIO

Via Montecchio, 4
50020 San Donato
in Poggio (FI)
Tel. 055/8072907

Rund um den mehr als 1000 Jahre alten Turm der Fattoria, der in den unruhigen Zeiten der Toskana eine wichtige Schutzfunktion besaß, gruppieren sich die Gebäude dieses traditionsreichen Weingutes, in dem auch Olivenöl und Grappa di Vinacce del Chianti Classico erzeugt werden.

LITRO
LITRO
2000

MONTEMORLI, FATTORIA DI

Loc. Montemorli
53036 Poggibonsi (SI)
Tel. 0577/988014
Toskanisches Weingut, das aus den Trestern des Vin Santo del Chianti Grappa destillieren lässt. Verkauf vor Ort, nur Kleinmengen.

MONTEPULCIANO

Als Herkunftsort eine Stadt mit umliegendem Weinbaugebiet in der Toskana. Als Rebsorte eine in ganz Mittelitalien verbreitete Rotweinsorte, deren Anbauzentrum in den Abruzzen liegt. Dort wurde daraus lange Massenware erzeugt, seit einigen Jahren lässt sich aber eine erfreuliche Bewegung Richtung Mengenreduzierung und Qualität feststellen. Das tut auch den daraus destillierten Grappe gut, die bei einigen Winzern zu finden sind, wie bei Nestore Bosco aus Nocciano.

MONTERINALDI

Fattoria La Pesanella
53017 Radda in Chianti (SI)
Tel. 0577/733533
Traditionsreiches Weingut im Chiantigebiet. Die Grappa der Fattoria wird in einem kupfernen Brennkessel aus dem Jahre 1921 destilliert, dessen Handhabung Sorgfalt und Geschick erfordert. Bislang hat das allerdings funktioniert.

MONTEVERTINE

Loc. Montevertine
53017 Radda in Chianti (SI)
Tel. 0577/738009
Die Fattoria Montevertine gehört zu den bekanntesten Weingütern Italiens, wobei sie vor allem durch den Wein Le Pergole Torte bekannt ist. Aus den Trestern dieses Weines wird auch das mit Jahrgang versehene Le Pergole Torte Aqua Vitae in limitierter Auflage erzeugt und dann vier Jahre in Fässern aus Eichenholz, Kirsche und Wacholderholz gereift.

MONTRESOR

Via Ca' di Cozzi, 16
37124 Verona
Tel. 045/913399
Dem Gambero Rosso gilt die Kellerei von Paolo Montresor als »Inbegriff der Veroneser Weinkultur«. Zum Wein gehört im Veneto seit altersher auch Grappa und so lässt der quirlige Weinmacher natürlich auch Grappa destillieren, die er dem ›Grappa di Fattoria‹-Konzept entsprechend unter dem Namen seiner Fattoria di Cavalcaselle anbietet.

MORELLINO

Die Morellino ist eine Spielart der roten Rebsorte Sangiovese, die vor allem im Süden der Toskana angebaut wird und dort den roten Morellino di Scansano ergibt, einen oft vollmundigen und facettenreichen Wein. Die Grappe aus Morellino sind selten, aber in der Regel empfehlenswert. > Baroncini.

MORODER

Via Montacuto, 112
60029 Ancona
Tel. 071/898232
Im Weingut von Alessandro Moroder in Ancona wird der Rosso Conero hochgehalten und zu einem eleganten und vielschichtigen Wein ausgebaut. Aus den Trestern entsteht eine saubere, sehr ansprechende Grappa mit feinen Fruchtaromen.

MOSCATO

Die auch als Zibibbo bekannte Muskateller-Sorte wird in Italien gern zur Erzeugung von schäumenden Aperitif-Weinen (trocken) und Dessertweinen (lieblich) angebaut. Besonders der Piemonteser Moscato d'Asti ist viel besser als sein Ruf! Im Süden entstehen aus dem Muskateller wuchtige Passitos. Vor allem die Spielart Moscato Giallo (gelber Muskateller) eignet sich hervorragend als Ausgangsmaterial für meist orangentönige Grappe mit feinem Schokoladenton. > Capovilla, Bocchino. Für die Destillation piemontesischer

Grappe ist die aromaintensive Moscato die wichtigste Rebsorte. Aus der feinwürzigen Muskatellertraube entstehen duftige, liebliche Weine und Grappe, die trotz mitunter überwältigender Fruchtigkeit über elegante Parfumnoten mit Moschus- und Chyprecharakter verfügen, die die Moscato-Grappe zu ungewöhnlichen und sehr edlen Digestifs werden lassen.

MOSCATO ROSA

Spielart des Muskateller, die in Südtirol und dem Trentino bukettreiche Rosés und Dessertweine liefert. Die Grappe aus Moscato Rosa sind selten und immer eine Probe wert. > Zeni, Capovilla.

MOSSIO, FRATELLI

Via Monta, 12
12050 Rodello (CN)
Tel. 0173/617149
mossio@mossio.com
www.mossio.com

Für seinen Dolcetto bekanntes Piemonteser Weingut, wo auch Grappa di Dolcetto gebrannt wird.

MÜLLER-THURGAU

Nicht nur in Deutschland beliebte Kreuzung aus Riesling und Silvaner, die sich hervorragend zur Erzeugung von aromareicher, eleganter Grappa eignet. Unbedingt probieren! > Pisoni.

MURANA, SALVATORE

C.da Kamma, 276
91010 Pantelleria (TP)
Tel. 0923/915231

Salvatore Murana ist einer der Könige des edlen Dessertweins Moscato Passito von der kleinen Mittelmeer-Insel Pantelleria südlich von Sizilien. Schade, dass es so schwer ist, an seine gelungene Grappa di Moscato Passito di Pantelleria zu kommen.

MUSSO

Via Cavazza, 5
12050 Barbaresco (CN)
Tel. 0173/635129

In der Enoteca Regionale del Barbaresco mit der Grappa di Nebbiolo da Barbaresco Invecchiata vertretenes Weingut – gute Qualität, dabei bezahlbar.

NACHLAUF

ital.: Coda. Destillat schwerflüchtiger Stoffe, u. a. Fuselöle, die zum Ende eines Brenndurchlaufs auftreten; dieser Teil des Destillats wird abgeschieden und erneut destilliert.

NANNONI, DISTILLERIA

FATTORIA DI LITIANO
LOCALITÀ ARATRICE
58045 CIVITELLA PAGANICO (SI)
TEL. 0564/905204

Nannoni ist Kult – anders als Levi beherrscht der Meisterbrenner aus der Toskana aber sein Handwerk auch unter widrigen Umständen und stellt seine Kenntnisse dabei bevorzugt den umliegenden Spitzenweingütern zur Verfügung. Der Hinweis auf dem Etikett »Prodotto e Imbottigliato da Distilleria Nannoni« darf deshalb als Kaufempfehlung gewertet werden.

NARDI, SILVIO

LOCALITÀ CASELE DEL BOSCO
53024 MONTALCINO (SI)
TEL. 057/7808269

Toskanisches Weingut, dessen Brunello di Montalcino 2003 die begehrten Tre Bicchieri des Gambero Rosso erhielt. Daneben wird edelsüßer Vin Santo, Olio Extra Vergine und Grappa erzeugt – der Besuch lohnt also.

NARDINI

NARDINI BORTOLO S.P.A.
PONTE VECCHIO, 2
36061 BASSANO DEL GRAPPA (VI)
TEL. 0424/227741

Eine der ältesten Brennereien Venetiens und der größte Markenerzeuger Italiens für Grappe.
Heute leiten Giuseppe, Cristina, Angelo, Antonio und Leonardo Nardini das Unternehmen, das jährlich in zwei Brennereien und einer Abfüllstation 4 Millionen Flaschen produziert und damit einen Anteil von 25% des Grappamarktes weltweit bedient. Trotz der Größe: destilliert wird immer noch in kupfernen Brennblasen, nach Trentiner Stil im Wasserbad. Die »Grapperia«, von Gründer Bortolo Nardini eingerichtet, wird als Laden und Museum genutzt – Besucher sind herzlich willkommen.

NEBBIOLO

Diese auch Spanna, Chiavennasca oder Picutener genannte Rotweinsorte ist die Hauptsorte des Piemont und der angrenzenden Lombardei und dort für die wirklich großen Weine verantwortlich. Der Name ist eigentlich ein Spitzname: ›la nebbia‹ ist der Morgennebel und überall dort, wo im frühen Herbst Morgennebel das Land verzaubern, scheint es dieser Rebsorte besonders gut zu gehen. Ihre Trester werden gerne für die Destillation verwendet, da hier Aufwand und Ertrag in einem besonders guten Verhältnis stehen. Weine wie Barolo, Barbaresco, Ghemme, Gattinara und Fara werden lange auf der Maische vergoren, bevor der Saft abgepresst wird. Die Trester sind dann bereit zur Destillation von feinen, vollfruchtigen Grappe, die auch gut fassgereift werden können und dank des Renommees ihres Weines gute Preise erzielen. >Sibona, Gigi Rosso.

NEGROAMARO

Die Traube Negroamaro stammt aus Süditalien. Die hohe Qualität der daraus gekelterten Weine ist nicht ganz unschuldig am derzeitigen Boom der Apulien-Weine. Mittlerweile traut man sich am Absatz des Stiefels auch an die Destillation sortenreiner Grappe, deren erste Muster Lust auf mehr machen. > Tauri.

NEGRO, ANGELO E FIGLI

FRAZIONE S. ANNA, 1
12040 MONTEU ROERO (CN)
TEL. 0173/90252

Kaum bekanntes Familienweingut, das bezahlbare und gute Qualität bietet. Vor allem die sortenreine Grappa di Brachetto und die regionaltypische Grappa di Roero ist empfehlenswert, die zur Aufnahme in die Enoteca Regionale del Roero vorgeschlagen wurden.

NEIRANO, TENUTA

FRAZIONE CASALOTTO
VIA SAN MICHELE, 39
11404 MOMBARUZZO (AT)
TEL. 0141/739382

Vierzig Kilometer südlich von Asti liegt dieses historische Weingut mit kleiner Osteria, wo man auch hauseigene Grappa anbietet.

NERA, PIERO

VIA IV NOVEMBRE, 43
23030 CHIURO (SO)
TEL. 0342/482631

Weingut im Valtellina-Tal der Lombardei, wo auch Grappa in Kleinstmengen im traditionellen Wasserbad-Destillierkessel erzeugt wird.

^ Montalcino im Herzen der Toskana.

NERO D'AVOLA

Eine der kommenden Rotweinsorten. Schon jetzt verblüffen viele sortenreine Rotweine aus dieser Sorte, die bevorzugt im Süden und auf Sizilien angebaut wird, durch kraftvollen Körper und feine Balance zwischen Tannin und Frucht. Diese Vorzüge konnten sich auch in den Grappe aus Nero d'Avola durchsetzen – man darf also gespannt sein. >Giovi.

NERVI

Corso Vercelli, 17
13045 Gattinara (VC)
Tel. 0163/833228

Weingut im Norden des Piemont, auf dem nicht nur gute Weine, sondern auch vorzügliche Grappe hergestellt werden, wie die Grappa di Nebbiolo, die für die Enoteca Regionale di Gattinara e delle Terre del Nebbiolo Nord Piemonte ausgewählt wurde.

NOCENTE SELEZIONE VINI

Via Mattutina, 1
14010 Cisterna (AT)
Tel. 0141/979039

Im Roero liegt diese Kellerei, die sich auf traditionelle Weine des Piemont spezialisiert hat. Daneben destilliert man sortenreine Grappe wie die Grappa di Arneis und die Grappa di Bonarda, die beide in der Enoteca Regionale del Roero probiert und auch gekauft werden können.

NONINO, DIST.

Via Aquileia, 17
33050 Percoto, Pavia d. U. (UD)
Tel. 0432/674343

Immer noch zu Recht eine der führenden Destillerien des Landes und immer noch Schrittmacher in der Szene, dabei aber Bewahrer von Qualität. Nonino-Grappe sind nicht billig, aber ihren Preis wert: Hier stimmen Image, Design und Inhalt.

NOSIOLA

Die Nosiola ist eine autochthone Rebsorte des Trentino, die dort interessante Weine, vor allem aber faszinierende Grappe liefert. Unbedingt probieren! >Pojer & Sandri.

NUOVA CAPPELLETTA

Cà Cappelletta, 9
15049 Vignale Monferrato (AL)
Tel. 0142/933135

Biologisch orientiertes Weingut in Monferrato, das für seine sorgfältig gemachten Barberas bekannt ist. Aufmerksamkeit verdient auch die Grappa di Grignolino.

OLIVINI

VIA PRATO FINO, 2
25015 SAN MARTINO
DELLA BATTAGLIA(BS)
TEL. 030/9910268

Qualitätsweingut am südlichen Gardasee, das einer Investmentgruppe gleichen Namens gehört. Neben Wein wird auch Grappa di Lugana aus den Trestern des Parade-Weißweines Lugana erzeugt.

ORNELLAIA

VIA BOLGHERESE, 191
57020 BOLGHERI (LI)
TEL. 056/571811

Weingut in der toskanischen Maremma, nahe dem Tyrrhenischen Meer mit kurzer Geschichte, aber einem Ruf wie Donnerhall. Von Marchese Lodovico Antinori gegründet, gehört das Gut seit 2002 Robert Mondavi und wird von diesem in das Joint Venture mit Frescobaldi (>Castelgiocondo) eingebracht. Nach wie vor werden die Klassiker von Ornellaia wie die gleichnamige Cuvée aus 80% Cabernet und 20% Merlot gekeltert. Auch die roten Masseto, Serre Nuove und Le Volte sowie der weiße Poggio alle Gazze sind von hoher Qualität. Bei der Grappa-Erzeugung beschränkt man sich vorerst auf nur noch eine schlicht Grappa Ornellaia genannte, fassgereifte Qualität; die eleganten Grappe di Merlot und di Cabernet Sauvignon sind aber noch im Handel erhältlich.

PAGLIARESE

VIA PAGLIARESE, 4
53019 CASTELNUOVO
BERARDENGA (SI)
TEL. 0577/359070

Gastfreundliches Bioweingut im Herzen der Toskana, wo neben Wein auch feines Olivenöl und ansprechende Grappa produziert werden. Agriturismo.

PAGURA

VIA FAVETTI, 25
33080 CASTIONS DI ZOPPOLA (PN)
TEL. 0434/97021

Handwerklich betriebene Brennerei im Friaul, die ihr besonderes Augenmerk auf die heimischen Rebsorten des Friaul wie Moscato, Fragola, Verduzzo, Merzemino, Ucelut, Sciaglin oder Refosco richtet. In den letzten Jahren kamen Pinot- und Cabernettrester dazu, die ohne Zusatz selbst erlaubter Aromastoffe diskontinuierlich in kleinen Kupferbrennkesseln gebrannt werden. Das Wasser der hauseigenen Quelle wird dabei für den Dampf im Brennkessel ebenso genutzt wie zum Heruntersetzen der Destillate auf Trinkstärke.

PALAZZO BANDINO

VIA STIGLIANESI, 3
53020 CHIANCIANO TERME (SI)
TEL. 0578/61199

Bio-Weingut mit touristischem Angebot in der Nähe von Montepulciano. Nicht nur die Hausgäste, auch andere Grappa- und Weinfreunde dürfen hier anklopfen und nach einer informativen Kellerbesichtigung auch die Produkte probieren. Gutes Olivenöl und Sekt.

PARADISO, FATTORIA

VIA PALMEGGIANA, 285
47032 BERTINORO (FO)
TEL. 0543/445044

In einer Osteria schmeckt die Weinprobe noch einmal so gut. Vor allem, wenn die typisch italienische Weinstube wie hier aus der Renaissance stammt. Mario und Graziella Pezzi sind freundliche und aufmerksame Gastgeber und geben gerne einen Einblick in die kulinarische Tradition ihrer Heimat, der Romagna. Dazu gehören auch eine wundervolle Salsa Balsamica di uva, ein leckerer Passito. Interessant auch die seltenen Grappa di Pagadebit und Grappa di >Barbarossa, die sortenrein aus den Trestern der von Mario Pezzi entdeckten und auf dem Weinberg Vigna del Dosso angebauten Rebsorte destilliert wird.

PAVESE

PODERE SAN ANTONIO
15030 TREVILLE-MONFERRATO (AT)
TEL. 0142/487215

Modernes Weingut mit traditionellen Wurzeln: Livio Pavese verschaffte durch Zukauf von Rebhängen, gezielte, konsequente Ertragsbeschränkung, Investitionen in fortschrittliche Kellertechnik und erfolgreiche Experimente mit Barriques seinen Weinen die gewünschte Anerkennung. Beim Grappa setzt der Piemonteser dagegen auf Tradition: Heimische Rebsorten-Trester werden nach Urgroßvaters Methode destilliert und im großen Holzfass gelagert. Mittlerweile gehört auch die Distilleria Cooperativa Rosignanio wieder zum Familienbesitz, die Livio Pavese zuvor lange Jahre geleitet hatte.

PEPE, EMIDIO

VIA CHIESI, 10
64010 TORANO NUOVO (TE)
TEL. 0861/856493

Kleines, aber erfolgreiches Weingut in den Abruzzen, in dem Emidio

Pepe seit langem beweist, dass Montepulciano d'Abruzzo kein billiger Massenwein sein muss, sondern die Voraussetzungen für weit Besseres mitbringt. Die Grappa Pepita und die drei Jahre in Fässern aus französischer Nevers-Eiche gelagerte Pepita Riserva sind gleichfalls Vorzeigeprodukte der Region Abruzzen.

PERIZ, DISTILLERIA

PIAZZA 1. MAGGIO, 8
33050 SANTA MARIA LA LONGA (UD)
TEL. 0432/ 995149
Engagierte Qualitätsdestillerie mit Spezialisierung auf Monovitignograppe des Friaul, Mitglied im Consorzio per la Tutela della Grappa Friulana.

PERTINACE, CANTINA VIGNAIOLI ELVIO

LOC. PERTINACE, 1
12050 TREISO (CN)
TEL. 0173/442238
In der Enoteca Regionale del Barbaresco mit der Grappa di Nebbiolo da Barbaresco vertretenes Weingut – gute Qualität, dabei bezahlbar.

PIAN DEI GOTI

LOC. PREDAPPIO ALTA
VIA MONTEMORABELLO, 1
47010 PREDAPPIO (FO)
TEL. 0543/921118
In einem gelungen restaurierten, historischen Landhaus liegt das Bio-Weingut mit Agriturismo-Angebot, in dem man zu Recht auch auf die Grappa stolz sein kann. Daneben warten feine Liköre auf die Liebhaber der knallbunten, fruchtigen Softspirituosen Italiens.

PIAVE

PALAZZO BERNINI MILANO, 2
20090 SEGRATE (MI)
TEL. 02/21261
Bekannte Grappamarke, die Seagram Italia gehört. Die Trester stammen aus dem Veneto, destilliert wird wie beim Blended Whisky in zwei unterschiedlichen Partien: ein Teil kontinuierlich, der andere Teil mit einem diskontinuierlichen Brennkolben, nach Charentaiser Art mit Dampfheizung. So entsteht eine einfache, aber dennoch gelungene Grappa mit typischem Kräuterduft.

PICOLIT

Schon im 18. Jahrhundert eine berühmte Rebsorte, aus deren rosinierten Trauben ein süßer Dessertwein gekeltert wurde, der an den Fürstenhöfen in ganz Europa, aber auch im Vatikan geschätzt wurde. Heute ist Picolit eher selten geworden, trotzdem aber ein Kultwein. Ein Status, der auch für die daraus destillierten Grappe und Traubenbrände gilt. >Nonino.

PIEMONT

Das Piemont ist eines der bedeutendsten Weinanbaugebiete Italiens. Seit vielen Jahrhunderten sind Weine aus dieser idyllischen Region im Nordwesten Italiens in Europa gefragt, zudem hat die aufmerksame Beschäftigung innovativer Winzer mit den Möglichkeiten ihrer Heimat in den letzten Jahrzehnten dazu geführt, den Ruf des Piemont und seiner Weine zu zementieren. Gleichzeitig haben sich hier wichtige Entwicklungen hin zur derzeitigen Grappakultur vollzogen. Aus mobilen Lohnbrennereien, die einst zur Destillation von Trester von Weingut zu Weingut zogen,

∧ Blick auf die Weinberge des Piemont.

wurden große Destillerien, die sich ihre Kundschaft aus dem Weinbau bewahren konnten. Wichtigste Rebsorte ist die bereits im 13. Jahrhundert als »erlesene Traube des Piemont« gerühmte Nebbiolo-Rebe, aus der Barolo, Barbaresco, Gattinara oder Bramaterra entstehen. Doch auch andere Piemonteser Weine haben Anerkennung gefunden. Barbera d'Asti, d'Alba oder del Monferrato, der lieblich perlende Brachetto d'Acqui, der Grignolino aus Asti oder Monferrato Casalese, nicht zu vergessen die rote Rebsorte Dolcetto. Alle sind sortenreine Rotweine, die durch langen Beerenkontakt Farbe und Ausdruck gewinnen und erst nach der vollständigen Fermentation gekeltert werden. Die mit ihrem Wein vergorenen Trester sind hochwertiger Rohstoff für edle Monovitigno-Grappe. Nicht übersehen werden sollten die Weißwein-Grappe des Piemont wie die intensiv duftenden Moscatos aus der Muskatellertraube.

PIERO E IL LUPO

Via di Monte Topino, 23
01015 Sutri (VI)
Tel. 0338/8230643

Latium war die Wiege der römischen und dann der italienischen Küchenkultur. Dazu gehörte natürlich der Wein, nur wenig später dann auch die Tresterbrände, wenn man den Legenden glauben will, dazu ländliche Küche aus Lammfleisch und Käse. Wem jetzt das Wasser im Munde zusammenläuft, sollte dieses Bio-Weingut mit Gästezimmern in der Nähe des Lago di Bracchiano besuchen und selbst probieren, wieso die italienische Küche die ganze Welt erobert hat…

PIETROSO

Loc. Pietroso
53024 Montalcino (SI)
Tel. 0577/848573

In den berühmten Weinbergen des Brunello-Gebietes liegt die Fattoria, die eher für ihre Brunello-Grappa als für die Weine bekannt ist. Ob hier Vorbehalte gegen integrierten Landbau eine Rolle spielen? Selbst probieren!

PIGHIN

Frazione Risano
Viale Gradi, 1
33050 Pavia di Udine (UD)
Tel. 0432/675444

Im Weinbereich solide Mittelklasse mit erfolgreicher Expansionspolitik, durch die auch die Selektion der Trauben und damit die Erzeugung von Spitzenweinen möglich wurde. Bei Grappa hat man eine besonders geschickte Hand: Die elegante Jahrgangsgrappa aus den nur schwierig zu Charakter-Grappe zu brennenden Sauvignon-Blanc-Trestern beweist nun schon seit mehreren Jahren immer wieder ihre Qualität.

PILZER

Via Perlaia, 17
38030 Faver (TN)
Tel. 0461/683326

Der Familienclan der Pilzers gehört zu den besten Kennern des Themas Grappa, was sich nicht nur auf die in der neuen Destillerie im Cembratal gebrannten Tresterbrände, sondern auch auf das Renommee der Pilzers auswirkt. Kaum einer in der Szene, der abstreiten möchte, wie viel der Vater und die beiden Söhne

Pilzer für den Aufstieg der Grappa vom Bauernschnaps zur Edelspirituose getan haben. Fachkompetenz, die sich auch im Glas erschmecken lässt, z.B. bei den Grappe di Müller Thurgau und di Schiave.

PINOT BIANCO

Die Rebsorte Weißburgunder macht auch in Italien als Pinot Bianco eine gute Figur. Anders als sein grauer Bruder Pinot Grigio scheint er den Winzern mehr am Herzen zu liegen – weit weniger Massenweine überfluten den Markt, statt dessen finden sich sorgfältig gemachte Weine und ebenso sorgsam destillierte Monovitigno-Grappe aus dieser Sorte. >Zeni.

PINOT GRIGIO

Der hierzulande als Grauburgunder etikettierte Wein ist auch in Italien eine feste Größe. Oft wird er als Basis für allzu leichte Massenweine verwendet, aber bei bewusster Ertragsreduzierung und sorgfältigem Ausbau entstehen daraus feinfruchtige Weine mit zartem Würzbukett – ideal für heiße Sommertage. Die feine Würze ist auch ein typisches Merkmal der Grappanase eines Monovitigno-Brandes aus Pinot Grigio. >Maschio.

PINOT NERO

Spätburgunder, rote Schwester der beiden anderen Burgunderrebsorten, wird in Italien Pinot Nero genannt und dort zunehmend angebaut, obwohl die oft fragile Sorte sich dort nicht so gut entwickelt wie die weißen Pinots oder die robusteren Frankreich-Importe Cabernet Sauvignon und Merlot. Allerdings eignen sich die säurebetonten, würzigen, aber oftmals zu dünnen Weine gut zum Erzeugen von elegantem Spumante, aus den Trestern werden niveauvolle Grappe. > Pojer & Sandri.

PIOMBAIA-CROCINA

Podere Crocina
53024 Montalcino (SI)
Tel. 0577/847197

Kleines Bio-Weingut in einer gelungen restaurierten Podere des Brunello-Gebiets in ruhiger, sehr pittoresker Lage. Hier wird neben Wein und Öl auch gute Grappa und feiner Essig produziert. Oder wie wäre es mit echt toskanischem Blütenhonig?

PISONI, FRATELLI

Frazione Pergolese
Via San Siro, 9
38070 Sarche (TN)
Tel. 0461/563216

Weingut und Destillerie mit Wurzeln, die bis in das 16. Jahrhundert zurückreichen. Luca, Marco und Stefano Pisoni, die heutigen Inhaber und Absolventen der renommierten Weinbauschule in San Michele, haben die Erzeugung von erstklassigen Grappe zum zweiten Standbein im Weingut ausgebaut. Mit solchem Erfolg, dass mittlerweile der gute Ruf der Pisoni-Grappe den der Weine weit überflügelt hat. Dabei sind auch die Weine gelungen.

∨ Bruno und Ivano Pilzer in der Destillerie in Faver.

PIZZINI, BARONE

Via Brescia, 1/3/3A
Località Timoline
25050 Cortefranca (BS)
Tel. 030/984136

Eines der führenden Weingüter der Franciacorta, sowohl was Wein, als auch was Spumante angeht. Seit einigen Jahren wird intensiv investiert, was sich mittlerweile ausgezahlt hat. Auch für die Grappa, die ebenfalls zu den edleren Beispielen aus der Lombardei gehört.

PLINIANA

Contrada »Barce«
74024 Manduria (TA)
Tel. 099/9794273

Seit dreißig Jahren produziert die Genossenschaft mit über 800 Mitgliedern Weine nach traditioneller Art Apuliens, unter anderem auch einen feinen Primitivo di Manduria Dulce Naturale, aus dessen Trestern Grappa destilliert wird.

POGGIO ANTICO

Località Poggio Antico
53024 Montalcino (SI)
Tel. 0577/848044

Nobles Toskana-Weingut, das sich auf die Erzeugung von Brunello und Rosso die Montalcino spezialisiert hat. Daneben werden die Olivenhaine gehegt und gepflegt: das hier produzierte Öl gehört zu den besten Winzerölen der Toskana. Für die Grappa des Weingutes werden die Trester des Brunello genutzt, die mit dem Wein vergoren wurden.

POGGIO SCALETTE

Località Ruffoli
Via Barbiano, 7
50022 Greve in Chianti (FI)
Tel. 055/8546108

Vittorio Fiore hat als Önologe und Berater unzähligen Weingütern auf ihrem Weg an die Spitze geholfen – nun ist er selbst Winzer und lässt seine enormen Fachkenntnisse dem eigenen Wein zugute kommen. Auch der gilt als Super-Toskaner. Will man aus der daraus destillierten Grappa di Carbonaione schließen, so scheint auch hier alles den gewünschten Gang zur Spitzenkategorie zu gehen.

POGGIO DI SOTTO

Frazione Castelnuovo dell'Abate
Abbazia di Sant'Antimo
Località Poggio di Sopra, 222
53024 Montalcino (SI)
Tel. 0577/835502

Eleganz und Süffigkeit, so der Gambero Rosso, sind das Markenzeichen dieses Brunello-Weingutes, in dem auch eine entsprechend feingliedrige und freundliche Grappa destilliert wird.

POJER & SANDRI AZ. AGRICOLA

LOC. MOLINI
38010 FAEDO (TN)
TEL. 0461/650342

Bekanntes Trentiner Weingut mit noch bekannterer Destillerie. Der im Bergörtchen Faedo hoch über dem Tal der Etsch gelegene Betrieb von Mario Pojer und Fiorentino Sandri gehört zu den entdeckenswertesten des Trentino – falls man die hochwertigen Produkte der beiden nicht schon ohnehin kennt. Seit 1982 werden hier feinste Grappe destilliert.

POLI, DISTILLERIE FRANCESCO

FRAZIONE S. MASSENZA, 36
38070 VEZZANO (TN)
TEL. 0461/864102

Im kleinen Gebirgsdörfchen Vezzano im Trentino liegen gleich vier Grappa-Destillerien, deren Produkte zu den besseren Italiens gehören. Sie alle gehören Mitgliedern der Familie Poli, die allerdings teilweise nur weitläufig miteinander verwandt sind, jedoch alle die Destillation von Grappa auf ihre Fahnen geschrieben haben. Hier sind ausführliche Verkostungen angesagt, vor allem die Grappe aus autochthonen Rebsorten wie Marzemino oder Nosiola sind dabei in der Regel gut bis sehr gut.

POLI, DISTILLERIE GIOVANNI E FIGLI

FRAZIONE S. MASSENZA, 37
38070 VEZZANO (TN)
TEL. 0461/864119

Poli aus San Massenza Numero 2 – auch hier lassen sich Entdeckungen machen. Die Anreise in das winzige Örtchen lohnt sich besonders im Herbst, wenn ein aromatischer Duft nach frischer Grappa über dem Dorf wie eine Wolke zu schweben scheint. Allerdings: Grappa darf erst nach mindestens sechs Monaten Lagerung verkauft werden. Aber keine Sorge, die Grappe des Vorjahres sind im Herbst perfekt. Im Winter ist San Massenza nur schwer zu erreichen, allerdings kommen gerne Skifahrer aus Cortina zu einer kurzen Verkostung vorbei.

POLI, GIULIO AZ. AGRICOLA

FRAZIONE S.MASSENZA
38070 VEZZANO (TN)
TEL. 0461/864149

Auch Giulio und sein Sohn Mauro destillieren, aber hauptberuflich sind sie Bauern. Dennoch lohnt es sich, ihren etwas bergab gelegenen Hof zu besuchen und auch dort Grappa und feine Obstbrände zu probieren.

POLI, DISTILLERIE JACOPO

Via G. Marconi, 46
36060 Schiavon (VI)
Tel. 0444/ 665007

Jacopo Poli gehört unzweifelhaft an die Spitze der italienischen Grappadestillateure. Vor allem die internationale Spitzengastronomie möchte die feinen Brände in der vornehmen Ausstattung nicht missen, zu beliebt sind die Edeldestillate. Schon die Standardqualität gehört im Grunde zu den Spitzenqualitäten: Der Trester besteht aus 40% Cabernet und 60% Merlot, die mittlerweile aus den Hügeln von Bassano del Grappa stammen, wo die Familie Poli gleich neben der Museums-Grapperia von Nardini ein eigenes, informatives Grappa-Museum eröffnet hat. Neu im Programm ist neben den rebsortenreinen Grappe der Linie Amorosa, den Traubenbränden namens Chiara, dem Brandy und den Obstdestillaten der Serie Stagione auch eine Kleinstserie an Grappe aus Aromarebsorten: Po di Poli der Sorten Moscato und Traminer. Jacopo Poli destilliert auch für Fausto >Maculan, das Frescobaldi/Mondavi Joint Venture Luce und Inasas ›Sassicaia‹.

POLI, MAURO

Frazione S. Massenza
38070 Vezzano (TN)
Tel. 0461/864149

Mauro Poli ist einer der ›Polis von San Massenza‹. Auch er destilliert mit Erfolg edle Grappe.

PRIMITIVO

Primitivo ist alles andere als primitiv. In den letzten Jahren hat sich der italienische Verwandte des kalifornischen Zinfandel zu einem Wein gemausert, dessen kraftvolle und körperreichen Exemplare vor allem aus der Gegend von Sandurnia zu gefragten Exportartikeln wurden. Grappa di Primitivo ist bislang allerdings eher selten – hier sollte sich in der nächsten Zeit aber einiges tun. >Pliniana.

PRODUTTORE

Der ›Produzent‹ (›Prodotto da…‹) einer Grappa muss diese nicht unbedingt destilliert haben, es kann sich auch um einen reinen Abfüllbetrieb handeln. >Etikett.

PRODUTTORI CASTION

Str. San Martino, 29
12053 Castiglione Tinella (CN)
Tel. 0141/855272
Erzeugergemeinschaft aus der Produktionszone des Moscato, deren Grappa di Moscato sehr gelungen ist.

PROSECCO

Prosecco ist die weiße Rebsorte der Marca Treviciana aus dem Veneto. Aus ihr wird ein lieblicher oder trockener Schaum- oder Perlwein erzeugt, der nicht nur in Italien sehr beliebt ist. Die Qualitäten sind jedoch sehr unterschiedlich. Prosecco sollte immer jung getrunken werden. Als stiller Wein ist die Sorte in Deutschland eher selten und dies, obwohl es einige besonders köstliche Weißweine daraus gibt. >u. a. Cosmo Bellenda.

PROVENZA

Via Colli Storici
25015 Desenzano del Garda (BS)
Tel. 030/9910006
In dem auf der Westseite des Gardasees gelegenen Weingut von Fabio Contato werden Weine angebaut, die zu den besten Seeweinen gehören. Besonders der Lugana Selezione Fabio Contato und der Lagen-Lugana Cà Molin werden geschätzt. Aus den Trestern dieser Weine wird eine sanfte Grappa di Lugana destilliert. Im Probierraum des gastfreundlichen Hauses können Weine, Grappa und das Olio del Garda täglich probiert werden.

PRUNOTTO

Reg. San Cassiano, 4/G
12051 Alba (CN)
Tel. 0173/280017
Seit 1990 zum Antinori-Imperium gehörende Weinkellerei im Piemont, die seit ihrer Gründung vor 100 Jahren für ihre sorgfältig gemachten Weine bekannt ist. Markgräfin Albiera Antinori übernahm die Leitung und machte durch Zukauf bester Weinbergslagen ein echtes Weingut aus der Kellerei. Aus den Trestern des Barolo Bussia und des Barbera d'Asti Costamiole lässt Albiera Antinori Grappa destillieren.

PSENNER

Destillerie Ludwig Psenner
Via Stazione/Bahnhofstr., 1
39040 Termeno/Tramin (BZ)
Tel. 0471/860178
Eine der ältesten Obstbrennereien Südtirols, die auch für erstklassige Grappe bekannt ist.
Wer nach Tramin kommt, sollte unbedingt die Grappa di Gewürztraminer probieren – die Rebsorte beweist in ihrer Heimat, welche herrlichen Monovitigno-Grappe man daraus destillieren kann.

Q

QUERCECCHIO

Piazza Cavour, 17
53024 Montalcino (SI)
Tel. 0577/848219

Brunello-Weingut der spätberufenen Weinenthusiastin Maria Grazia Salvioni, deren Liebe ihrem Land und deren Interesse auch der bei Nannoni destillierten Grappa di Brunello in den Varianten Bianca und Riserva gilt.

QUINTARELLI

Via Cerè, 1
37024 Negrar (VR)
Tel. 045/7500016

Der Altmeister des Valpolicella hat über Jahrzehnte der Versuchung widerstanden, aus seinen Reben Billigweine für die Mehrliterflasche zu keltern und gehört nach wie vor zu den ersten Adressen im Land des Valpolicella. Vor allem sein Amarone wird Jahr für Jahr hochgelobt. Bei Brunello läßt Giuseppe Quintarelli seine Trester zu einer raren Spitzen-Grappa destillieren.

R

RABOSO

Die rote Raboso ist eine der autochthonen Sorten des Veneto und wird besonders gerne in den Weinbars und Osterien von Venedig ausgeschenkt. Gelegentlich findet sich auch Grappa di Raboso, an der man nicht vorbeigehen sollte. >Maschio.

RAMANDOLO

Die erste DOC-Region Friauls, die ihren Namen nicht von den dort produzierten Rebsorten, sondern von der Weinbergslage Ramandolo bezieht. Aus den Trestern des dort vorwiegend wachsenden Vermentino Giallo wird auch Grappa destilliert. >Coos.

REBO

1948 von Rebzüchter Rebo Rigotti am >Istituto Agrario di San Michele im Trentino erfolgreich entwickelte Kreuzung von Marzemino und Merlot. Die am Istituto destillierte Grappa di Rebo belegt, wie gut sich die immer noch seltene Sorte als Basis für Grappa eignet.

REBSORTEN

Je nach verwendeter Rebsorte ändert sich das Aromaprofil einer Grappa. Es ginge zu weit, zu behaupten, man könne in der Blindverkostung einer Monovitigno-Grappa die Rebsorte erkennen. Beim hochprozentigen Destillat aus Trester spielen zu viele Einflüsse eine Rolle, von denen die Rebsorte nur einen darstellt. Allerdings ist es möglich, bei einigen Rebsorten auf den Grundcharakter einer Grappa zu schließen. Auch deshalb gibt es unter den Grappa-Aficionados viele, die auf eine ganz bestimmte Rebsorte »schwören«. Im Rahmen dieses Lexikons werden die wesentlichen Rebsorten vorgestellt, aus denen sortenreine Grappe destilliert werden. Die dabei angegebenen »typischen Charakterzüge« wurden in jahrelanger Arbeit »erschmeckt«, können aber nur Anhaltspunkte geben, da es sich bei Grappa immer um eigenwillige Destillate handelt.

REDAELLI DE ZINIS

VIA NOBILE UGO DE ZINIS, 1
25080 CALVAGESE RIVIERA (BS)
TEL. 030/601001

Lombardisches Weingut der Brüder Ugo und Alessandro de Zinis, die am Westufer des Gardasees nicht nur Wein, sondern auch Olivenöl und beste Grappa erzeugen.

REFOSCO

Autochthone Rebsorte aus dem Friaul, die heutzutage weniger tanninreich und eckig ausgebaut wird, aber immer noch charaktervolle Weine ergibt. Merkmale, die auch für kostenswerte Grappe sorgen. >Nonino, Clementin.
Eng verwandt, für manche Rebforscher sogar identisch, ist sie mit

der Rebsorte Cagnina, die in der Emilia-Romagna den Cagnina di Romagna ergibt, aus dem gelegentlich auch Grappa gebrannt wird. >Ca' Rossa.

REKTIFIKATION

>Diskontinuierliche Destillation.

REVEL CHION, DISTILLERIA FRATELLI

VIA CASASSA, 4
10010 CHIAVERANO (TO)
TEL. 0125/54808

Eine der renommiertesten Destillerien in Norditalien, die sich vor allem einen Namen für sortenreine

∧ Spitzenweingut Redaelli de Zinis in der Lombardei.

Grappa aus Erbaluce, Barbera und Bracchetto gemacht hat. Leckere Grappa-Pralinés.

RIBOLLA GIALLA

Die Ribolla ist eine der ältesten Rebsorten des Friaul. Die rote Ribolla ist sehr selten, häufiger findet sich die Ribolla Gialla, aus der sortenreine, säurebetonte Weißweine mit DOC-Status erzeugt werden. Dank ihrer Qualitäten eignet sie sich auch gut als Basis für die Grappadestillation. > Nonino, Aquileia.

RICCI CURBASTRO

VIA ADRO, 37
25031 CAPRIOLO (BS)
TEL. 030/736094

Im Weingut aus dem 18. Jahrhundert wird biologisch gewirtschaftet und nichts vergeudet: Wie fein das Ergebnis dieser »Resteverwertung« sein kann, beweisen die Grappe. Agriturismo.

RIESLING RENANO

Der auch bei uns angebaute (Rhein-)Riesling im Gegensatz zum Riesling Italico (Welschriesling). Riesling-Trestern gelingt es sehr gut, eine große Aromafülle und viel Frucht in die daraus destillierte Grappa zu übertragen. > Istituto Agrario di San Michele.

RINALDI VINI

VIA ROMA, 31
15010 RICALDONE (AL)
TEL. 0144/74144

Piemonteser Weingut, dessen Grappe gerne in der ländlichen Gastronomie des Piemonts angeboten werden, z.B. die Grappa di Brachetto oder die Grappa di Moscato.

RISERVA

Grappa mit einer Mindestreifedauer von 18 Monaten, davon mindestens 6 Monate im Holzfass. > Altersprädikate.

ROCCHE DEI MANZONI

LOC. MANZONI SOPRANI, 3
12065 MONFORTE D'ALBA (CN)
TEL. 0173/78421

Weingut des Piemonteser Spitzengastronoms Valentino Migliorini, der schon vor seiner Zeit als aktiver Weinmacher engagiert für italienische Wein- und Grappakultur eintrat. Heute sind vor allem seine Barolos berühmt, aber auch die Grappa des Hause lohnt den Besuch in einem der führenden Weingüter der Region und damit Italiens.

ROH- ODER RAU(H)BRAND

Das Produkt der ersten Destillation bei einer in zwei Brennvorgängen ablaufenden diskontinuierlichen Destillation, wie sie bei Qualitätsgrappa üblich ist.

RONER

VIA JOSEF VON ZALLINGER, 30
39040 TERMENO/TRAMIN (BZ)
TEL. 0471/864000

Bekannte Südtiroler Familiendestillerie, in der neben Grappa auch hervorragende Obstbrände gebrannt werden – ein Bereich, in dem Roner italienischer Marktführer ist. Dem gegenüber mutet die Grappa-Produktion fast wie ein Hobby der Familie an, für das man sich sehr engagiert. Roner ist Gründungsmitglied des Südtiroler Grappa-Produzentenvereins, dessen Schutzmarke »Marchio di Tutela Grappa dell'Alto

Adige« seit 1976 an strenge Vorschriften und Kontrollen gekoppelt ist.

ROSA DEL GOLFO

Via Garibaldi, 56
73011 Alezio (LE)
Tel. 0331/993198
Auch wenn man im renommierten Weingut Rosa del Golfo von Damiano Calò eher wortkarg reagiert, wenn es um Grappa geht: Es gibt sie. Die Grappa Rosa del Golfo entsteht aus 90% Negroamaro- und 10% Malvasia-Trestern, ist kristallklar, mit feinem Würzduft und mittelschwerem Körper. Auch der Jahrgang 1996 der Grappa Mjere aus Negroamaro und Malvasia Nera del Salento konnte gefallen.

ROSIGNANO, DISTILLERIA COOP.

Via Isola, 2
15030 Rosignano Monferrato (AL)
Tel. 0142/488122
Genossenschaftlich organisierte Destillerie, die auch für Weingüter Grappa destilliert. Für das Weingut Cantina Poderi Colla entsteht hier beispielsweise die lobenswerte Grappa di Nebbiolo da Barbaresco und die Grappa di Nebbiolo da Barolo.

ROSSO, GIGI

>Gigi Rosso.

ROVEGLIA

Loc. Roveglia, 1
25010 Pozzolengo (BR)
Tel. 030/918663
Weingut mit Destillerie, wo nach Voranmeldung der weiße Lugana und die daraus entstehende Grappa probiert werden können.

ROVERO, DISTILLERIA FRATELLI

S. Marzanotto, 216
14050 Asti
Tel. 0141/32460
Weingut mit kleiner, nach hohen traditionellen Vorgaben arbeitender Destillerie. Landwirtschaft und Brennerei sind dabei ökologisch ausgerichtet. Die dadurch erzielte

v Fasskeller der Weingut-Destillerie >Rovero.

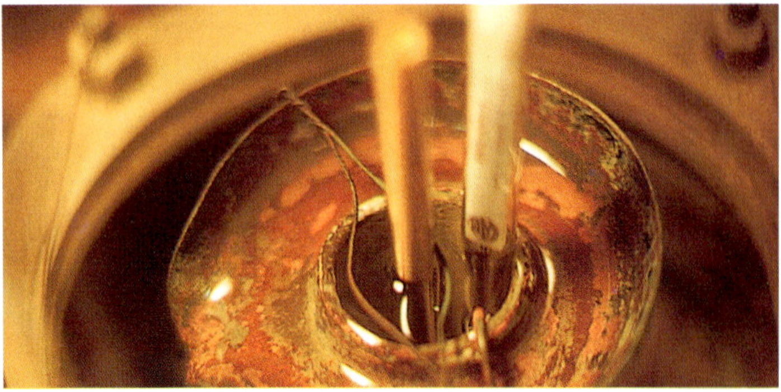

∧ Liebe zum Detail: So entstehen bei Rovero herrliche Grappe.

Wertigkeit der Rohstoffe, aber auch das handwerkliche Können der Inhaber Franco und Claudio Rovero schmeckt man in den Bränden. Neben Grappe, die auch aus Trestern bekannter Weine und Weingüter des Piemont stammen, die den Roveros zur Destillation übergeben wurden, können hier auch die Obstbrände begeistern. Zum Gut gehört ein für seine typische Landesküche bekanntes Restaurant (Voranmeldung empfehlenswert).

RUGGERI

Via Garibaldi, 13
31049 Valdobbiadene (TV)
Tel. 0423/975716

Seit mehr als 50 Jahren stellt Ruggeri im bedeutendsten Ort des Prosecco-Anbaugebiets in Venetien Wein und Sekt her. Neben den Standard-Proseccos werden hier erstklassige Lagensekte des Crus ›Cartizze‹ erzeugt, aber auch Rotwein, eine alte Tradition dieser Region. Seit 1992 gehört eine Destillerie zum Gut, in der Grappa von hoher Qualität gebrannt wird.

RUSSO

Via Vittorio Emanuele, 355
95010 Santa Venerina (CT)
Tel. 095/953202

Seit mehr als 130 Jahren wird am Fuße des Ätna auf Sizilien destilliert, heute sind es die Brüder Salvatore und Giuseppe Russo, die auf einem ehemaligen Jagdbesitz der Bourbonen-Könige von Neapel und Sizilien eine empfehlenswerte Brennerei betreiben, in der sie neben Grappa auch hochwertige Liköre aus sizilianischem Obst erzeugen. Die Grappa dell'Etna wird im Vakuum destilliert und in Eichenfässern gereift.

RUSSOLO, RINO

Via San Rocco, 58/A
33080 San Quirino (PN)
Tel. 0434919577

Qualitätserzeuger im Friaul, der seine Trester zu handwerklich hochwertiger und strikt traditioneller Grappa Friulana brennen lässt.

SAGRANTINO

Wuchtige, tanninreiche Rotweine entstehen aus dieser Rebsorte, die vor allem in Umbrien angebaut wird. Die Sagrantino di Montefalco aus dem Anbaugebiet von Montefalco brachte es dabei sogar zum DOCG-Rang. Einige der besten Winzer nehmen ihre Sagrantinotrester zur Grappadestillation. > D'Angelo.

SALUSTRI

LOCALITÀ POGGI DEL SASSO
58044 CINIGIANO (GR)
TEL. 0577/990418

Zwischen Wäldern, Olivenhainen und Weinbergen liegt die Fattoria von Leonardo Salustri in der Maremma auf fruchtbarem Land, das zuvor erfolgreich zur Viehzucht genutzt wurde. Heute wachsen hier Spitzenweine, deren Trester bei Nannoni zu erstklassiger Grappa destilliert werden.

SAN DONATO

53037 SAN GIMIGNANO (SI)
TEL. 0577/ 941 616

Historisches Weingut in einem mittelalterlichen Gutshof in San Gimignano. Die Grappa des Hauses, die Grappa di Vinaccia di Vernaccia wird im Weingut diskontinuierlich im Dampf-Alambic gebrannt und als Grappa Bianca angeboten.

SAN FELICE

LOCALITÀ SAN FELICE
53010 SAN GIUSEPPE (SI)
TEL. 0577/359087

Eines der größten und bekanntesten Weingüter der Toskana – mehr als 200 ha Rebland sind mit allem bestockt, was der Erzeugung hochwertiger Weine dient. Trotz der Größe und des Renommees des Weingutes ist man gastfreundlich und unter der Woche auf angemeldete Besucher eingestellt, die im Probierraum nicht nur die Weine, sondern auch die Grappa San Felice, die Grappa di Brunello di Montalcino und das feine Olivenöl kosten können.

SANGIOVESE

Eine der bedeutendsten Rotweinsorten Italiens, die vor allem in Mittelitalien, in der Toskana, der Emilia-Romagna, in Umbrien, den Abruzzen, den Marken und im Latium angebaut wird. Sie ist Grundlage für den Chianti Classico, den Brunello di Montalcino, den Vino Nobile di Montepulciano, den Caramino und zahllose IGT-Super-Toskaner. Da alle diese Weine gerne lange auf der Maische vergoren werden, profitieren die Trester davon, aus denen samtweiche, aromaintensive Grappe destilliert werden. Nur ein Monovitigno-Beispiel von unzähligen hervorragenden Bränden: > Sant'Antonio.

SAN GUIDO

LOCALITÀ CAPANNE, 27
57020 BOLGHERI (LI)
TEL. 056/5762003

Eines der berühmtesten Weingüter Italiens im Besitz des Marchese Incisa della Rocchetta. Die hier erzeugte Rotwein-Cuvée Sassicaia aus 85% Cabernet Sauvignon und 15% Cabernet Franc ist Kult, die Trester werden bei Jacopo > Poli zu einer intensiv-würzigen, runden und hocheleganten Grappa gebrannt.

SAN LEONARDO

Marchesi Guierrini Gonzaga
Tenuta San Leonardo
Fraz. Borghetto all'Adige
Località San Leonardo, 3
38060 Avio (TN)
Tel. 0464/689004

Pittoreskes Weingut des Markgrafen Carlo Guierrini Gonzaga, dessen Familie hier schon seit Mitte des 18. Jahrhunderts zu Hause ist – zudem bestehen die Rebhänge nachweislich schon seit 1500 Jahren. Kein Wunder also, wenn vor diesem Hintergrund Tradition und hoher Qualitätsanspruch eine große Rolle spielen und ihren Ausdruck nicht nur in den Weinen, sondern auch in der Grappa San Leonardo finden.

SAN MICHELE

Podere San Michele,
Harald L. Bremer
Via delle Beccaccia, 1
58043 Castiglione delle Pescaia (GR)
Tel. über H. Bremer, Braunschweig: 0531/237360
www.bremerwein.de

Das Vorzeige-Weingut des deutschen Weinhändlers und Glasdesigners Harald Bremer aus Braunschweig, in dem er seine Vorstellungen von Wein und »Grappa di Fattoria« als Spiegel ihrer Herkunft umsetzt. Neben der von >Nannoni im unweit gelegenen Paganico gebrannten Grappa delle Vinacce del Vetluna entsteht auch eine sortenreine Grappa di Cabernet Sauvignon bei Giovanni Lo Fausci's sizilianischer Destillerie >Giovi.

SAN RUSTICO

Via Pozzo, 2
37020 Valgatara di Valpolicella (VR)
Tel. 045/7703348

Weingut im Valpolicella-Classico-Gebiet, in dem auch Grappa produziert wird, u. a. Grappa di Amarone, Amarone Invecchiata und Grappa di Recioto.

SANTA BARBARA

Borgo Mazzini, 35
60010 Barbara (AN)
Tel. 071/9674249

Erst wenige Jahre alte Kellerei, die der engagierte Weinmacher Stefano Antonucci (s. Bild) konsequent an die Spitze der an guten Weingütern nicht eben armen Marken bringt. Interessante Grappe.

SANTA LUCIA

Frazione Fonteblanda,
Via Aurelia Nord, 66
59015 Orbetello (GR)
Tel. 0564/885473

Im Nationalpark Maremma, nur 5 km von der Küste des Tyrhennischen Meeres entfernt, liegt das Weingut, in dem auch Grappa produziert wird. Agriturismo.

SANT'ANTONIO

Val di Piano, 12
Loc. Santo Stefano
57037 Portoferraio (LI)
Tel. 0565/933351

Weingut auf Elba, in dem auch zwei Sorten Grappa hergestellt werden, die gerne von deutschen Touristen gekauft werden – mit Recht, denn die Grappa di Sangiovese und die Grappa di Aleatico sind sauber gebrannt und feinfruchtig.

SANT' APPIANO,

Loc. Sant'Appiano
Via Sant'Appiano, 11
50021 Barberino
Val d'Elsa (FI)
Tel. 055/8075541

Herrschaftlicher Landsitz aus dem 14. Jahrhundert mit Blick auf San Gimigniano, einst im Besitz der Adelsfamilie Pitti, heute Bio-Weingut mit Landhotel. Grappa wird nur in kleinen Mengen erzeugt, kann aber vor Ort probiert und gekauft werden.

SAN VITO

Tenuta San Vito
in Fior di Selva
Via San Vito, 32
50056 Montelupo Fiorentino (FI)
Tel. 0571/51411

In den Florentinischen Hügeln der Toskana liegt das 38 ha große Bioweingut von Roberto und Laura Drighi, in dem neben gutem Wein auch vorzügliches Bio-Olivenöl und die einnehmenden, bei Kultbrenner Nannoni destillierten Fior di Selva Grappe Bianca und Riserva entstehen.

SARACCO

Via Circonvallazione, 6
12053 Castiglione Tinella (CN)
Tel. 0141/855113

Moscato spielt die Hauptrolle im Weingut von Paolo Saracco. Das freut die Fans von spritzigem Moscato-Wein, noch mehr aber die Grappafans, denn erstklassige Muskatellergrappe sind Höhepunkte der Grappakultur. Hier die Grappa di Moscato – unbedingt probieren!

SARDINIEN

Die zweitgrößte Insel des Mittelmeers war nachweislich schon in der Steinzeit Weinbauregion. Im Laufe der wechselvollen Geschichte wurde die Insel von immer anderen Mittelmeer-Machthabern besiedelt: Phönizier, Punier und Römer, gefolgt von Byzantinern, Mauren, Genuesern, Pisanern und Venezianern, bis letztendlich die Spanier kamen und eine Vorstellung von Weinbau mitbrachten, die sich an Vorbildern aus Jerez oder Madeira orientierte. Eine Entwicklungsgeschichte, die für die besondere Vielfalt der Weine aus Sardinien verantwortlich ist. In den letzten 50 Jahren war die Insel Zentrum einer Qualitätsoffensive, die Winzer wie Genossenschaften gleichermaßen betraf. Monica, Cannonau, Cirò, Bovale Sardo, Vermentino und Vernaccia di Oristano sind heute die sortenreinen Weine, die den Namen Sardiniens wieder an die Spitze der Weinszene befördert haben. Eine Entwicklung, die sich auch auf sardische Grappe auswirkte, die im Gleichklang mit dem Wein zu feinen, eleganten und handwerklich sauber ausgebrannten Destillaten wurden.

SASSICAIA

> San Guido.

SASSO ROSSO

Loc. Capodacqua
06801 Assisi (PG)
Tel. 075/8065454

Nur wenige Minuten Fahrt sind es vom historischen Stadtzentrum von Assisi hinaus zum Öko-Weingut von Pierfrancesco Cipolloni, der neben Wein und Grappa auch das berühmte, aromaintensive Olivenöl Umbriens erzeugt.

SAUVIGNON BLANC

Der ursprünglich aus Frankreich stammende Sauvignon Blanc wird als sortenreiner DOC-Wein in Norditalien immer beliebter. Leider waren die in den letzten Jahren verkosteten Sauvignon-Grappe in der Regel ausdruckslos und flach, die Sorte scheint sich nicht zur Destillation von Grappa zu eignen. Eine um so schönere Ausnahme ist die Grappa di Sauvignon von > Pighin.

SCHIAVA (VERNATSCH)

Eine der wesentlichen Rebsorten im Trentino und in Südtirol, wo man sie Vernatsch nennt.
Wie der württembergische Trollinger, ein anderes Synonym für die Schiava, sind auch die in Italien gekelterten Schiavaweine leichte, fruchtbetonte Rote mit gut entwickelter Säure – die richtigen Voraussetzungen für die Grappadestillation. Deshalb sollte man nie an einer Monovitigno-Grappa aus Schiava vorbeigehen: ich wurde nur sehr selten enttäuscht und war oftmals begeistert. > Pojer & Sandri, Pilzer.

SCHIAVO DISTILLERIA

Via Mazzini, 39
36030 Costabissara (VR)
Tel. 0444/971025

Kleine, aber bekannte Destillerie, die mitverantwortlich für den Qualitätssprung bei Grappa in den sechziger und siebziger Jahren des 20. Jahrhunderts war: Seitdem werden hier nur frisch angelieferte Trester direkt nach der Ankunft gebrannt. Destillationsfehler sind deshalb nur selten festzustellen. Das Hauptinteresse von Firmenchef Beppe Schiavo gilt dabei sortenreinen Grappe aus den alteingesessenen Rebsorten seiner Region. Das Flaggschiff ist allerdings die Grappa Vera di Clinto aus der ›Clinton‹ oder ›Fragolino‹, also Erdbeerrebe genannten Kultrebsorte des Veneto, die erst vor 80 Jahren aus Amerika nach Italien eingeführt wurde.

SCHIOPPETTINO

Die seltene, autochthone Sorte aus dem Friaul ergibt gute Weine, gelegentlich wird aus den Trestern auch Monovitigno-Grappa gebrannt. > Nonino.

SCHWEIZER GRAPPA

Die Spirituosenverordnung (EWG) Nr. 1576/89 erlaubt den Begriff Grappa nur für in Italien hergestellte Tresterbrände. Inzwischen erklärte sich Italien allerdings bereit, den Begriff Grappa auch für im italienischsprachigen Teil des Schweizer Kantons Tessin erzeugte Tresterbrände zuzulassen. Diese Vereinbarung wurde 1999 im gemeinsamen Handelsabkommen zwischen der EU und der Schweiz bestätigt. Erlaubt sind folgende Bezeichnungen

> Folgende Doppelseite: Sardinien.

für Schweizer Grappa: Grappa del Ticino, Grappa Ticinese, Grappa della Val Bregaglia, Grappa della Val Calenca, Grappa della Val Mesolina und Grappa della Valle di Poschiavo.

SEBASTE, MAURO

Frazione Fallo
Via Garibaldi, 222/bis
12051 Alba (CN)
Tel. 0173/62148

Die Weinkellerei des Winzersohns Mauro Sebaste überzeugt vor allem mit ihren Rotweinen. Aus den Trestern des roten Langheweines Centobricci entsteht die gleichnamige Grappa, die keinesfalls zurücksteht.

SEBASTIANI, DESTILLERIE ENRICO

Via Clementi, 31
38015 Lavis (TN)
Tel. 0461/246547

Angesehene Destillerie aus dem Trentino, traditionelle Arbeitsweise.

SEGNANA DI F.LLI LUNELLI, DESTILLERIE

Via della Fossa, 5/B
38051 Borgo Valsugana (TN)
Tel. 0461/753056

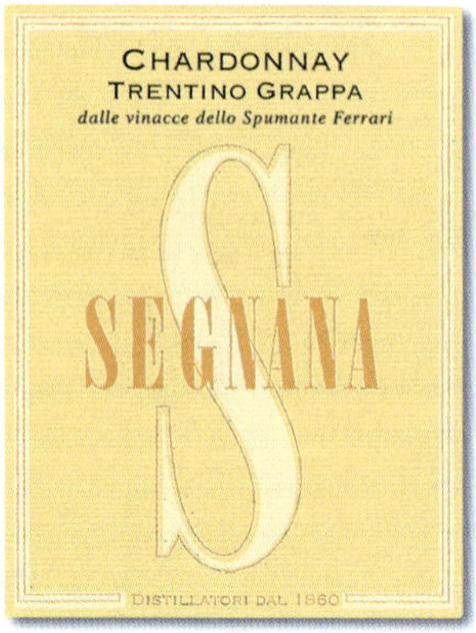

Zum bekannten Spumantehaus Ferrari der Gebrüder Lunelli gehörende Destillerie, in der nach traditioneller Art destilliert wird. Empfehlenswert vor allem die rebsortenreinen Grappe sowie die rare Grappa aus den Trestern des Spumante Ferrari.

SELLA

Via IV Novembre, 110
13853 Lessona (BI)
Tel. 015/99455

Piemonteser Weingut, in dem auch Grappa sehr ernst genommen wird, wie die Qualität der Destillate beweist. Die Grappe di Bramaterra und di Nebbiolo di Bramaterra wurden für die Enoteca Regionale di Gattinara e delle Terre del Nebbiolo Nord Piemonte ausgewählt und können dort, aber auch im Weingut verkostet und gekauft werden.

SELLA & MOSCA

Località I Piani
07041 Alghero (SO)
Tel. 079/997700

Das vielleicht bedeutendste Weingut Sardiniens, das national und international mit Auszeichnungen bedacht wurde und wird. Originellstes Produkt ist der rote Dessertwein Anghelu Ruju aus sonnengetrockneten Cannonau-Trauben, der nach jahrelanger Fasslagerung, ähnlich wie Port, in der Flasche ausreifen muss. Aus den vergorenen Trestern lässt man ebenso wie aus den Trestern der Gutscuvées Marchese di Villamarina, Le Arenarie und des Monteluce Grappa destillieren.

SELVOLE, FATTORIA DI

Loc. Selvole
Frazione Vagliagli
53019 Castelnuovo
Berardenga (SI)
Tel. 0577/322662

In den Hügeln der bekannten Weinbaulagen der Colli Senesi liegt dieses typisch toskanische Weingut mit Agriturismo-Angebot und Ab-Hof-Verkauf der biologisch erzeugten Produkte, zu denen neben Wein und Öl auch Grappa gehört.

SERTOLI SALIS, CONTI

Piazza Salis, 3
23037 Tirano (SO)
Tel. 0342/710404

Eines der führenden Weingüter Italiens mit Sitz im Valtellina-Tal der Lombardei. Schon vor Jahrhunderten belieferten die Vorfahren der Grafen von Sertoli Salis ihre Schweizer und italienischen Standesgenossen mit feinsten Tafelweinen. Heute sind auch die Grappafans sehr interessiert: die Grappa di Canua Sforzata entsteht aus den luftgetrockneten Trestern des Tre-Bicchieri-Weines Canua Sforzata und ist dadurch nur in Kleinstmengen verfügbar. Etwas mehr gibt es von der gleichfalls probierenswerten Grappa di Saloncello.

SIBONA, ANTICA DISTILLERIA

Via Roma, 10
12040 Piobesi d'Alba (CN)
Tel. 0173/619129

Wenig an Besuchern oder gar Fans interessierte Brennerei im Piemont, die zu den ältesten der Region gehört. Freundlichere Aufnahme finden bekannte Winzer der Umgebung, die ihre Trester anliefern und so für die unbestreitbare Qualität der Monovitigno-Destillate sorgen. Die Grappe aus Arneis, Nebbiolo di Barolo und Bracchetto wurden als mustergütig für die Enoteca des Piemont ausgesucht.

SIZILIEN

Sizilien mag nicht die wichtigste Weinbauregion Italiens sein, sie ist aber die ertragreichste. Der Großteil der Produktion wird vor Ort getrunken oder zur Aufbesserung von Farbe oder Geschmack nach Norden geliefert. Diese seit langem übliche Einstellung zum Wein ändert sich soeben: Viele Winzer haben verstanden, dass Qualität und Quantität keine Synonyme sind, und begonnen, hochwertigen und spannenden Wein zu keltern. Dazu gehören auch der Klassiker Marsala und andere Dessertweine aus Malvasier und Muskateller, daneben Chardonnay, Sauvignon, Cabernet und zahlreiche Weine aus einheimischen Rebsorten. In den letzten Jahren hat sich zudem eine Grappakultur entwickelt, die Sizilien auch zum Anziehungspunkt für Grappafans macht.

SOBRERO, FRANCESCO & FIGLI

Via Brunella, 2
12060 Castiglione Falletto (CN)
Tel. 0173/62864

Neben Wein wird in diesem Piemonteser Weingut in bevorzugter Lage von Castiglione Falletto auch Grappa erzeugt, deren Aromaprofil sehr regionaltypisch erscheint.

> Folgende Doppelseite: Weinland Sizilien.

SÖLVA

PATERBICHL-KELLEREI
VIA DELL'ORO/GOLDGASSE, 33
39052 CALDARO/KALTERN (BZ)
TEL. 0471/964650

Das Weingut wurde 1731 gegründet und zählt zu den ältesten Familienbetrieben Kalterns. Seit neun Generationen pflegt die Inhaberfamilie Sölva die autochthonen Sorten Südtirols, aber auch internationale Reben. Neben den Weinen wird Grappa erzeugt.

SPIRIT FURLAN, DISTILLERIA

VIA L. STABILE, 34
FRAZIONE SCODOVACCA
33052 CERVIGNANO DEL FRIULI (UD)
TEL. 0431/32560

Traditionell arbeitende Destillerie, die sich sehr für die hohe Qualität der Friulaner Grappa einsetzt und deshalb auch im Consorzio Tutela della Grappa Friulana tätig ist. Sehr gelungene Monovitigno-Grappe.

SPIRITUOSEN-JAHRBUCH

Ein Muss für alle Freunde edler Destillate. Herausgegeben von der Versuchs- und Lehranstalt für Spiritusfabrikation und Fermentationstechnologie in Berlin und über den Buchhandel zu beziehen, enthält das handliche Fachbuch alle aktuellen Bedingungen, Regelungen und Fakten, die in Europa bei der Herstellung und dem Verkauf von Spirituosen zu beachten sind. Im Serviceteil finden sich zusätzlich Adressen aller nur denkbaren Verbände, Behörden und Anbieter von Zubehör, die bei besonderen Fragen weiterhelfen können.

STIFTSKELLEREI NEUSTIFT

>Cantina dell'Abbazia di Novacella.

STRAVECCHIO(A)

entspricht einer Riserva >Altersprädikate.

SÜDTIROL

Das teilweise im Hochgebirge gelegene Südtirol (Alto Adige) am Oberlauf der Etsch (it. Adige) verfügt hauptsächlich über Weinberge im Y-förmigen Anbaugebiet entlang der Etsch und der Eisack. Dort wächst vorwiegend Rotwein, der meist leicht und säurebetont ausfällt. Gute Voraussetzung für Grappa, die hier wie die Weine in der Regel sortenrein produziert wird. Aber auch die Trauben von Riesling, Silvaner, dem aus Tramin stammenden Gewürztraminer, Sauvignon und Pinot werden für ihren Wein und ihre Grappe geschätzt. Seit der Novellierung der Grappa-Gesetzgebung verfügt auch Südtirol über eine geschützte Herkunftsbezeichnung und entsprechend strenge Herstellungsvorschriften. Zahlreiche seit langem für ihre Obstbrände bekannten Destillerien und auch einige Winzer haben sich zur Assoziationi Produttori Grappa dell'Adige zusammengeschlossen, die andere ermutigt, Grappa als typisch Südtiroler Kulturprodukt mit langer Tradition und großer Zukunft zu verstehen.

SYRAH

Eine der edelsten Rotweinsorten, wenn man sich die daraus gekelterten Rotweine wie den Hermitage ansieht. Weltweit eine Erfolgssorte, nun auch zunehmend in Italien. Wie alle aromareichen Rotweinsorten mit guter Säurestruktur eignet sich auch die Syrah gut zur Grappadestillation, zumal die Weine gerne lange auf der Maische vergoren werden, was den Trestern natürlich gut bekommt. >Ascheri.

> Fischmarkt in Venedig – das Frischeste wird nahe der Rialtobrücke verkauft.

TANNIN

In Holz, Baumrinde und Früchten vorkommende chemische Substanz, die bitter schmeckt. Sie wird auch als Gerbstoff bezeichnet, da sie in der Lederproduktion zum Gerben eingesetzt wird. Ähnlich ist die Wirkung am Gaumen: Die für bittere Geschmacksempfindungen zuständigen Geschmacksknospen werden angeregt, zusätzlich reagiert die Schleimhaut auf den Gerbstoff und wird ledrig. Im Wein finden sich Tannine aus den Trauben, diese spielen aber bei Grappa keine Rolle. Hier kommen Tannine aus dem Eichenholz ins Spiel, falls es sich um eine fassgereifte Grappa handelt. In der Regel werden diese Tannine aber geschmacklich als angenehm empfunden.

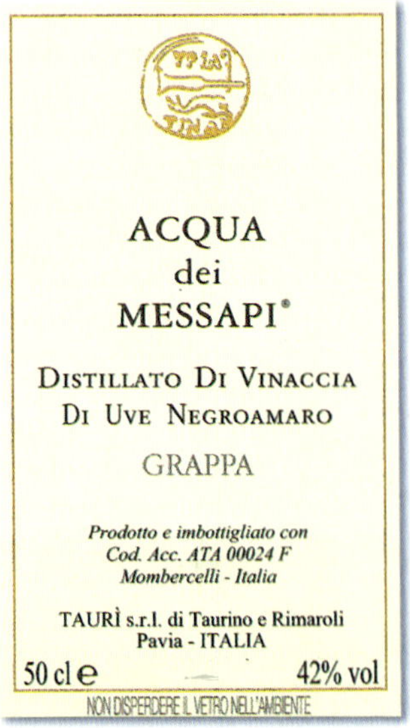

TASCA D'ALMERITA

Tenuta Regaleali di Conte
Tasca d'Almerita
Località Regaleali
90029 Vallelunga
Pratameno (CL)
Tel. 0921/544011

Sizilianisches Renommierweingut, das sich selbstbewusst wenig um DOC-Vorschriften kümmert. Image bringt Graf Tasca selbst mit und seine Weine halten, was sein Name verspricht: Top-Qualität. Das gilt auch für die Grappe, die bei Kultbrenner Giovanni Lo Fausci in der Distilleria Giovi am Fuße des Ätna destilliert werden: hochadelig!

TAURI'

Via Riviera, 111/A
27100 Pavia
Tel. 0382/525203
oder
Azienda Agricola
Cosimo Taurino
Strada Statale, 605
73010 Guagnano (LE)

Eines vorneweg: die Monovitigno-Grappa Acqua dei Messapi stammt aus der apulischen Spezialität Negroamaro und wurde bei Franco Barbero in Mombercelli diskontinuierlich im Wasserbad-Alambic gebrannt und gereift. Warum nur steht auf dem Etikett der Grappa Acqua dei Messapi als Erzeuger Tauri di Taurino e Rimaroli, Pavia? Ein typisches Beispiel für die Verwirrung, in die italienische Erzeuger die Grappafans nur zu gerne stürzen. Das Weingut Cosimo Taurino, aus dem die Grappa tatsächlich stammt, liegt nämlich keineswegs in Pavia, sondern zwischen Brindisi und Lecce am Absatz des italienischen Stiefels und gehört dort zu den Spitzenerzeugern. Wenigstens klärt das Rückenetikett auf, dass es sich bei der sortenreinen Grappa aus der autochthonen Rotweinsorte Apuliens Negroamaro um das ›Abfallprodukt‹ des hoch geschätzten Lagenweines Il Patriglione handelt, den der Gambero Rosso im Jahre 2002 »einen der komplexesten und faszinierendsten Weine Süditaliens« nannte.

TEDESCHI

Frazione Pedemonte
Via Verdi, 4
37020 S. Pietro in Cariano (VR)
Tel. 045/7701487

Um Traditionen bemühtes Familienweingut inmitten des Valpolicella-Gebietes, in dem die junge Generation mit Erfolg auch moderne Ideen umsetzt. Ergebnis sind angesehene Weine, aber auch eine Grappa, die von den Qualitätsmaßstäben her den traditionell hohen Ansprüchen des Veneto genügt, und doch auf beschwingte Art up to date ist.

TENIMENTI D'ALESSANDRO

Via Manzano, 15
52042 Camucia di Cortona (AR)
Tel. 0575618667

In der hauseigenen Destillerie des Weinguts können die Trester direkt nach dem Vergären gebrannt werden. Die Grappe sind deshalb reintönig und fruchtbetont.

TEROLDEGO

Die Teroldego ist eine autochthone Sorte aus dem Trentino, die feine, junge und früh genussreife Weine hervorbringt. Aus gutem Hause bringt die Teroldego sogar Spitzenweine hervor, deren zarte Erdigkeit einen spannenden Kontrast zur vorherrschenden Eleganz bieten: Weine für Weinliebhaber mit Köpfchen. In ihrer sortenreinen Grappa bringt sie Leichtigkeit neben voller Frucht mit ein: eine Sorte, bei der man jederzeit zugreifen kann und nur sehr selten enttäuscht wird.
>Endrizzi, Zeni.

TERRABIANCA

Località San Fedele a Paterno
53017 Radda in Chianti (SI)
Tel. 0577/738544

Nahezu tausend Jahre altes Weingut, in dem der Schweizer Geschäftsmann Roberto Guldener seit 15 Jahren beweist, dass Herzblut und önologisches Können wichtig sind, wenn es um große Chianti geht: Natürlich greift er auf fachkundigen Rat zurück, natürlich wird hier an nichts gespart. Darüber hinaus scheinen die Weine und auch die Grappe zu leben, sind elegant, gut strukturiert und lebhaft.

TERRAZZE DELLA LUNA

VIA DEL PONTE, 31
38040 RAVINA (TN)
TEL. 046/381711

Bei Trento gelegenes Weingut, dessen Mischsatz-Grappa >Trentina in Italien gerne in der Spitzengastronomie ausgeschenkt wird.

TERRE BIANCHE

LOC. ARCAGNA
18035 DOLCEACQUA (IM)
TEL. 0184/31426

Vor einer beeindruckenden Landschaftskulisse arbeitet die Familie Rondelli intensiv an der Qualität der Weine und ist mittlerweile in ganz Italien dafür bekannt. Noch stolzer sind die Rondellis allerdings auf ihr Olivenöl. Und was ist mit der Grappa? Selbst probieren! Und am besten gleich dableiben: Agriturismo.

TERRE CORTESI MONCARO

VIA PIANDOLE, 7/A
60036 MONTECARROTTO (AN)
TEL. 073/189245

Genossenschaftskellerei aus den Marken, die schon sehr früh die Möglichkeiten von Markenweinen erkannte und seither konsequent Qualität hinter die gut eingeführten Namen stellt. Seit einigen Jahren wird aktiv die Umstellung auf biologischen Weinbau betrieben, die Ergebnisse können sich sehen lassen. Zeitgemäß auch die Grappa des Hauses aus rotem Rosso Conero DOC und das Acquavite d'Uva aus weißen Verdicchio-di-Castelli-di-Jesi-Trauben.

TESO, FATTORIA DEL

VIA POLTRONIERA, 28
55015 MONTECARLO (LU)
TEL. 0583/286288

Toskanisches Weingut, das für Weißwein und Vin Santo bekannt ist. Aus den Trestern wird die Grappa del Teso destilliert, eine jugendliche Grappa Bianca, die bewusst auf Erhaltung typischer Fruchtaromen hin gebrannt wird.

TESTA

ital. Bezeichnung für Vorlauf.

TICINO, TICINESE

>Schweizer Grappa.

TIEFENBRUNNER

VIA CASTELLO, 4
FRAZIONE NICLARA
39040 CORTACCIA/KURTATSCH (BZ)
TEL. 0471/880122

Die Weinkellerei Castel Turmhof von Vater Herbert und Sohn Christof Tiefenbrunner ist nicht nur in Südtirol für erstklassige Weine bekannt. Aus dem Gewürztraminer Castel Turmhof und dem »Feldmarschall« lässt man bei Walcher in Eppan feine Grappe brennen – auch sie sind in der Heimat der Grappa angesehen.

^ Christof Tiefenbrunner.

TOCAI

Der Tokai oder Tocai Friulano hat nichts mit dem Tokay d'Alsace (einem Synonym für Grauburgunder – Pinot Grigio) und dem ungarischen Nobelwein Tokajer zu tun. Allerdings vermutet man eine Verwandtschaft mit dem Sauvignon, was die vergleichbaren Erfolge in den Weißweinregionen Friauls, Venetiens und der Lombardei erklären könnte. Dennoch ist Grappa di Tocai eher selten, wo man sie aber findet, entdeckt man elegante, feinfruchtige Destillate. > Nonino, Brunello.

TONON

VINI TONON
VIA CARPESICA, 1
31010 CARPESICA DI VITTORIO VENETO (TV)
TEL. 0438/920004

Von Loris Tonon, dem Enkel des Gründers Piero, geführtes Weingut in der Marca Trevigiana, das sich auf

TINAZZI

LOCALITÀ POLICCHIA, 3
37010 CAVAION (VE)
TEL. 045/7235394

Gian Andrea und Gabriele Tinazzi sind erfolgreiche Winzer, denen es gelingt, die unterschiedlichen Käuferwünsche an Weine aus dem Veneto umzusetzen. Von ihrer Tenuta Valleselle in Bardolino stammen z.B. Weine, die ein ausgesprochenes »Terroir«-Konzept vertreten, während die unter dem Namen Ca'Isidora aus Lazise kommenden Weine bewusst als »Klassische Veroneser Spitzenweine« platziert sind. Aus den Trestern des durch die rote Rebsorte Corvina geprägten Bardolino entsteht auch eine Grappa di Bardolino der Tenuta Valleselle.

^ Kurtatsch in Südtirol

den Anbau von Prosecco spezialisiert hat. Diese Sorte wird hier traditionell angebaut und genauso traditionell wird auch die Destillation der feinen Prosecco-Grappa gehandhabt, die zu Ehren des Gründers »La Graspa di Piero Tonon« heißt und in eine klassische Prosecco-Spumante Flasche abgefüllt wird.

TORCIANO

Via Crocetta, 18
Loc. Ulignano
53030 San Gimignano (SI)
Tel. 0577/ 950055

1720 gegründetes Weingut mit Olivenöl-Mühle in San Gimignano. Agriturismo-Angebote. Seit 1990 wird jährlich eine Grappa di Vinacce di Vernaccia di San Gimignano nach traditioneller Art diskontinuierlich aus den Trestern des weißen Paradeweines von San Gimignano destilliert.

TORRACCIA DEL PIANTAVIGNA

Via Romagnano, 69/A
28074 Ghemme (NO)
Tel. 0163/840040

Das Weingut von Alessandro Francoli ist vor allem für korrekte Arbeit bekannt. Bei der Destillation von Grappa ist das die wesentliche Voraussetzung für Erfolg. So wundert es nicht, dass die Grappa di Nebbiolo Bianca und die Grappa di Nebbiolo Riserva für die Enoteca Regionale di Gattinara e delle Terre del Nebbiolo Nord Piemonte ausgewählt wurde.

TOSKANA

Die Toskana ist eine Landschaft, über die man ins Schwärmen kommen kann. Alles wirkt, als hätte göttliche Eingebung für das Ensemble aus Natur, Landschaft und Architektur gesorgt. Kein Wunder also, wenn die Toskana als das Herz

∨ Blick auf die sanften Hügel der Toskana.

Italiens gilt. Auch, was den Wein angeht. Der wichtigste ist der Chianti, der im Zentralland zwischen Florenz und Siena als Chianti Classico und in sechs weiteren Zonen als normaler Chianti aus den vier Rebarten Sangiovese, Canaiolo, Trebbiano und Malvasia erzeugt wird. Weitere Topweine sind der Brunello di Montalcino und Vino Nobile di Montepulciano, im Weißweinbereich Montecarlo Bianco und der Vernaccia di San Gimignano, der als erster Weißwein der Toskana die Bezeichnung DOCG als Nachweis für kontrollierte und garantierte Qualität verliehen bekam. Die Destillation und der Handel mit Grappa ist in der Toskana schon seit über 600 Jahren belegt, heute gibt es nur wenige Spitzenerzeuger, die nicht auch Grappa destillieren lassen.

TOSOLINI, DISTILLERIA

VIA DELLA ROGGIA, 22
33040 MARSURE DI POVOLETTO (UD)
TEL. 0432/679071

Seit mehr als 50 Jahren gehört die Destillerie Tosolini zu den führenden Grappa-Erzeugern im Friaul und konnte gleich mehrfach die begehrte Auszeichnung Alambicco d'Oro der Italienischen Vereinigung der professionellen Grappaverkoster (> ANAG) gewinnen.

TRAMINER

Angeblich stammt die Traminerrebe aus Asien, heute wird sie in ganz Norditalien, nicht mehr nur in Tramin an der Südtiroler Weinstraße angebaut. Wie der nahe Verwandte > Gewürztraminer ist auch diese Aromarebsorte Basis für ausdrucksstarke Grappe, die sich oft durch feines Orangenbukett auszeichnen. > Istituto Agrario di San Michele.

TRAVAGLINI, GIANCARLO

VIA DELLE VIGNE, 36
13045 GATTINARA (VC)
TEL. 0163/833588

Piemonteser Familienweingut, dessen Grappa di Gattinara für die Enoteca Regionale di Gattinara e delle Terre del Nebbiolo Nord Piemonte ausgewählt wurde.

TREBBIANO

Die Trebbiano ist eine der ältesten Weißweinreben Italiens und wird nach wie vor in großer Menge angebaut. Unter ihrem französischen Namen ›Ugni Blanc‹ liefert sie den Wein für den französischen Cognac (neben Colombard und Folle blanche) – leider fehlt der in Italien angebauten Traube die für hohe Qualität nötige Säure, deshalb wird nur selten aus den Trebbiano-Trestern Grappa gebrannt.

TRENTINO

Die norditalienische Weinbauregion Trentino schließt sich südlich an Südtirol an, mit dem sie zwar politisch, nicht aber beim Wein eine Einheit bildet. Im Trentino wird hauptsächlich Rotwein und Rosé angebaut, nur etwa 15% des Weines stammt aus weißen Trauben. Vor allem der Campo Rotaliano, die ausgedehnte Schwemmlandebene im Zentrum des Trentino, eignet sich für den Anbau der hier heimischen Teroldego Rotaliano und des aus Frankreich stammendem Cabernet Sauvignon und Chardonnay, die hier den Weinen ihrer Heimat kaum nachstehen. Gute Weine sorgen auch für gute Trester, so dass sich im Trentino eine reiche Grappakultur entwickeln konnte, die letztendlich zur Anerkennung der geschützten Herkunftsbezeichnung Grappa >Trentina führte.

?! TRENTINA, GRAPPA

Als Beispiel für die anderen Grappe mit geschützter Herkunftsbezeichnung hier die offizielle Vorstellung der Grappa Trentina: Entsteht durch Destillation frischen und weichen Tresters hervorragender Trauben. Die besonders aufwendige, handwerkliche Destillationsart nach »Tullio Zadra« – diskontinuierlich im Wasserbad – ermöglicht es, eine in der Regel geschmacklich feine und aromatisch elegante Grappa zu erzeugen. Neben der jungen Grappa und den Fruchtdestillaten hat sich das Trentino auf sortenreine Grappe (Grappa di Monovitigno) spezialisiert, d.h. auf Grappe, die nur aus Trestern einer einzigen Traubensorte gebrannt werden. Nach Vorgabe des >Istituto di Tutela della Grappa Trentina und des Istituto del Vino Trentino sieht die ideale Trentino Grappa folgendermaßen aus (Zitat aus der offiziellen Anforderungsliste): »Farbe – farblos, klar; Geruch – frisch, leicht hervorgehoben, harmonisch; Geschmack – weich und angenehm, typisch für Tresterdestillate und die Rebsorte. Stammt die Grappa nur aus Trestern Trentiner Herkunft und wird im Labor des staatlichen Istituto Agario di San Michele die Qualität bescheinigt, dann darf das Destillat als Grappa Trentina angeboten werden und mit einem besonderen Siegel als Qualitätsnachweis versehen werden.«

TREPPIE DI SOPRA

Loc. Sant' Appiano
Via Pisana, 114
50021 Barberino
Val d'Elsa (FI)
Tel. 055/8078035

Im ökologisch-integriert arbeitenden Weingut im Chianti-Classico-Gebiet wird auch Olivenöl gepresst und Grappa in Kleinstmengen erzeugt. Agriturismo.

?! TRESTER

Nach dem Abpressen des Traubensaftes verbleibende Rückstände aus Schalen und Kernen; vergorene Trester weisen einen Alkoholgehalt von 3-5 %vol. auf. >Vinaccia.

?! TRINKSTÄRKE

Vor der Abfüllung und Vermarktung wird das zwischen 65 und 80% vol. gebrannte Grappa-Destillat mit kalkfreiem Quellwasser oder entmineralisiertem Wasser auf Trinkstärke herabgesetzt. >Alkohol.

?! TUTTOGRADO

ital. Bezeichnung für das Herz der zweiten Destillation (>Diskontinuierliche Destillation) mit einem Alkoholgehalt von meist zwischen 65 und 80%vol.

> Im Castell Turmhof der Familie >Tiefenbrunner in Südtirol.

IN HAUS UND KELLER, DRIN

UMANI RONCHI

Ss 16, km 310
60027 Osimo (AN)
Tel. 071/7108019

Die Verdicchio-Zone und das Rotweinanbaugebiet rund um den Monte Conero nahe bei Ancona sind das Herzstück des vor 50 Jahren von Gino Umani Ronchi gegründeten Guts, das heute der Familie Bernetti gehört. Die Weine sind nicht nur in Italien angesehen und auch die Cumaro Grappa di Rosso Conero schafft es Jahr für Jahr, ihr anspruchsvolles Zielpublikum zu überzeugen.

UMBRIEN

Landschaftlich ähnelt Umbrien der im Westen anschließenden Toskana, aber noch haben die Weine von dort nicht dasselbe Renommee. Das ändert sich seit einigen Jahrzehnten, aber noch zaghaft. Dennoch dürfen umbrische Weine nicht außer Acht gelassen werden, wenn es um die Wahl der besten Italiener geht. Grappadestillerien gibt es keine, es fehlt die Tradition der Tresterdestillation, und den gewinnträchtigen Markt haben mittlerweile andere besetzt. Allerdings lohnt es sich, bei den bekanntesten Namen der Region wie Caprai in Montefalco und Lungarotti in Torgiano auch nach Grappa di Fattoria Ausschau zu halten. Denn dort lassen sich Winzergrappe probieren, die wie die Weine ein Beleg für die wachsende Bedeutung dieser grünen Weinbauregion in der Mitte Italiens sind.

VAIRO

Via Calvisio, 186
17024 Finale Ligure (SV)
Tel. 019/603395

Nach Voranmeldung kann hier in historischem Umfeld die ganze Bandbreite ligurischer Agrar-Delikatessen probiert werden: Wein, Olivenöl, Pesto, eingelegte Gemüse und natürlich Grappa.

VAL BREGAGLIA

>Schweizer Grappa.

VAL CALENCA

>Schweizer Grappa.

VAL DI MAGGIO

>Caprai, Tenuta.

VAL MESOLCINA

>Schweizer Grappa.

VALDINERA

Via Cavour, 1
12040 Corneliano d'Alba (CN)
Tel. 0173/619881

Eines der weniger bekannten Weingüter des Roero, in dem aber nichtsdestoweniger ansprechende Weine und probierenswerte Monovitigno-Grappe erzeugt werden. Mit der Grappa di Arneis und der Grappa di Nebbiolo schaffte das Gut die Auswahl zur Enoteca Regionale del Roero.

VALLE DI POSCHINA

>Schweizer Grappa

VARALDO

Via Secondine, 2
12050 Barbaresco (CN)
Tel. 0173/635160

In der Enoteca Regionale del Barbaresco mit der Grappa di Nebbiolo da Barbaresco Bianca und der fassgereiften Grappa Invecchiata vertretenes Weingut – gute Qualität, dabei bezahlbar.

VENETIEN

Venetien, das historische Hinterland der Seerepublik Venedig, ist eine Weinbauregion, die mit der Zeit geht. Grappa hat hier eine lange Tradition und gehört heute zu den bedeutendsten Winzererzeugnissen. Es stimmt allerdings nicht, dass der Name der Tresterbrände von den Destillerien am Monte Grappa stammt, einem Höhenzug im Süden der venezianischen Seealpen. Sprachforscher führen den Ursprung auf die norditalienische Mundart des mittelalterlichen Latein zurück: aus ›rapus‹ für Traube wurde hier ›gràpo‹ oder ›rappe‹, die Brände aus Trestern nannte man schon früh ›graspa‹. Brenner wie > Tonon verwenden diesen Begriff noch heute. Traditionspflege auch bei der Auswahl der sortenreinen Trester: nicht Cabernet und Chardonnay bestimmen das Bild, sondern Vespaiolo, Freisa oder Gropello.

VERDICCHIO

Verdicchio ist die wichtigste Weißweinsorte in den Marken. Die bekanntesten Lagenweine kommen aus Castelli di Jesi und aus Matelica, auch der Verdicchio delle Marche wird in guter Qualität erzeugt. Gelegentlich verwendet man die Trauben auch zur Sekterzeugung. Verdicchio eignet sich dank seiner säurebetonten Art gut zur Grappadestillation, allerdings muss bei der Fermentation sehr sauber und sorgfältig gearbeitet werden, es kann daher nicht generalisiert werden. > Fazi Battaglia.

VERDUZZO

Alte friulische Rebsorte, die aromatische Weine und ebensolche Grappe ergibt. > Nonino.

VERKOSTUNG

Spirituosen kann man einfach genießen oder sich ihnen mit offenen Augen und wachen Sinnen nähern, um sie durch die Verkostung intensiv kennen zu lernen. Das klassische Verkostungsprozedere beginnt bereits bei der Wahl des richtigen Glases. Destillateure, Kellermeister und Master Blender weltweit verwenden ein besonderes Verkostungsglas, das dem klassischen Sherryglas Copita sehr ähnlich ist. Es handelt sich dabei um ein tulpenförmiges, sich zum Rand hin verjüngendes Stielglas aus feinem Kristall. Zudem sind zahlreiche Spezial-Verkostungsgläser für die einzelnen Spirituosengattungen auf dem Markt, die man anschaffen kann, aber nicht anschaffen muss. Zum Einsteigen reichen normale Sherrygläser vollkommen aus.
Vor dem Einschenken betrachtet man das Etikett und überprüft den Alkoholgehalt. Grappe mit 55%vol. verkosten sich aufgrund der Schärfe des Alkohols wesentlich schwieriger als solche mit dem Standardgehalt von 40%vol. Das ist keine unüberwindliche Hürde, aber es sollte auch keine unangenehme Überraschung beim ersten Schluck geben. Auch die anderen Angaben auf dem Etikett helfen, sich mit der bevorstehenden Verkostung auseinander zu setzen und einen Erwartungshorizont abzustecken. Natürlich könnte man Spirituosen unabhängig von ihrer Herkunft und ihrem Alter verkosten und werten. Dennoch empfiehlt es sich, das jeweilige Destillat vor dem

Hintergrund der Anforderungen an seine Gattung zu betrachten. Mehr über die Einteilung von Grappa in Gattungen steht bei > Klassifizierung.
Gießen Sie nun etwa 3-4 cl Grappa in das Verkostungsglas. Bei mehreren Proben in einer Vergleichsverkostung die Gläser mit passenden Glasdeckeln abdecken, damit das Aroma bis zur Verkostung im Glas erhalten bleibt.
Nehmen Sie das Glas in die Hand und halten Sie es erst gegen das Licht und dann gegen einen weißen Hintergrund. Betrachten Sie bei weißen Grappe die Klarheit, bei fassgereiften Tresterbränden die Farbtönung, die Farbintensität, aber auch hier die Klarheit. Dann schwenken Sie das Glas ein wenig und beobachten die Art, wie sich der Brand im Glas verhält. Zieht das Destillat Schlieren, ist also viskos? Gar ölig? Oder läuft es leichtfüßig zurück? Je langsamer sich der Brand bewegt, desto dicker und öliger ist er. Das deutet normalerweise auf hohen Extraktgehalt und Aromaintensität hin. Merken Sie sich diesen Eindruck. Ein Destillat muss bis in den Abgang halten, was es Auge und Nase verspricht, sonst ist es unharmonisch.
Machen Sie sich nun mit dem Aroma des Brandes vertraut. Das Aroma setzt sich aus den beiden Komponenten Duft und Geschmack zusammen. Was mit der Nase zu riechen ist, muss auch am Gaumen zu schmecken sein!
Nähern Sie sich ganz vorsichtig mit Ihrer Nase dem Glasrand. Jetzt nehmen Sie die besonders flüchtigen Aromakomponenten wahr, die floralen und duftigen Noten. Nähern Sie sich immer weiter und stecken Sie schließlich mutig die Nase in das Glas. Nun sind es die fruchtig-würzigen Aromabestandteile, die Sie riechen können. Versuchen Sie sich zu erinnern. Wonach riecht das Destillat? Versuchen Sie einzelne Aromen zu entschlüsseln oder assoziieren Sie frei: Birne gemischt mit Orange oder gleich ein frühsommerlicher Obstkorb? Duft nach feuchtem Gras, Pilzen, Obst, Rebholz oder Sommerregen-Grappa? Reiche Düfte nach Spezereien, Gewürznelken, Vanille, Pflaumenmus oder ein Destillat, das vorweihnachtliche Gefühle weckt? Nur Mut! Seien Sie kreativ und erobern Sie sich Ihren individuellen Eindruck. Behalten Sie erneut diesen Eindruck im Gedächtnis. Und denken Sie nun noch einmal ganz formell: wie ist der allgemeine Eindruck? Riecht das Destillat sauber und ansprechend? Falls nicht, sollten Sie in eigenem Interesse die Verkostung dieser Probe hier abbrechen. Unsaubere Spirituosen sorgen für einen gewaltigen Kater, spätestens am nächsten Morgen.
Erscheint der Duft bei aller Individualität typisch für diese Spirituosengattung? Ist das Bukett kräftig oder eher verhalten? Elegant oder burschikos?
Hat Ihnen der Duft gefallen, dann nehmen Sie sich ruhig Zeit dafür. Der Duft entwickelt sich über eine gewisse Zeit im Glase weiter, neue Aromakomponenten treten in den Vordergrund, andere ›verduften‹ schnell. Können Sie die ganze Zeit einen eigenen Grundcharakter erkennen? Oder erscheint das Destillat wenig konsequent und eher wechselhaft?
Nippen Sie nun am Glas und vergleichen Sie die Realität des Geschmacks mit der Erwartung, die der Duft in Ihnen geweckt hat.

^ Verkostung: Behutsam nähert sich die Nase dem Rand des tulpenförmigen Glases.

Können Sie eine harmonische Entwicklung feststellen? Hat das Destillat tatsächlich eine kontinuierliche Aromaentwicklung oder zerfällt es quasi in Duft und Geschmack? Wie fühlt sich der Brand am Gaumen an? Eher leicht, mittelschwer oder kraftvoll und muskulös? Verändert sich der Geschmack im Laufe des Nachklangs, entwickeln sich neue Aromakomponenten? Wie intensiv ist der Abgang, wie lang wirkt der Nachhall? Manche alten Grappe sind noch nach einer Stunde im Munde spürbar, sofern man in dieser Zeit nichts isst oder trinkt. Der Abgang kann von nur schwacher Nachempfindung über erfreulich anhaltend bis hin zu nachhaltig erscheinen.

Und nun zum Gesamturteil: hat das Destillat auf jeder Verkostungsstufe gehalten, was es versprochen hat? Und hat es Ihnen geschmeckt? Gratulation: dann haben Sie eine neue Lieblingsgrappa gefunden.

VERMENTINO

Sardischer DOC-Wein. Aus der gleichen Sorte entstehen auch in Ligurien hochwertige Weine. Die Sorte eignet sich gut zur Destillation von Monovitigno-Grappa, die das würzig-fruchtige Vermentino-Aroma in elegante Brände übersetzt. > Capichera.

VERNACCIA

Obwohl der Name ähnlich klingt, ist die weiße Rebsorte Vernaccia nicht mit der roten Vernatsch (> Schiava) verwandt, auch nicht mit der nur in Sardinien heimischen Vernaccia di Oristano. Der bekannteste daraus erzeugte Wein ist der Vernaccia di San Gimignano, der 1966 der erste Weißwein mit DOC-Status und 1993 zum DOCG-Status erhoben wurde. Eine ganze Reihe von Weingütern in San Gimignano stellt auch Grappa di Vernaccia her, die in der Regel mild und ansprechend ausfällt. > Torciano, San Donato.

VERSTÄRKERKOLONNE – REKTIFIKATOR

Wichtig bei der >kontinuierlichen Destillation, wird meist für die zweite Destillation eingesetzt.

VESPOLINA

Lange war die rote Vespolina unmodern, sie ist ertragsschwach und nur regional im nördlichen Piemont heimisch. Allerdings ergibt sie in der Gegend von Gattinara einen angenehm leichten, dennoch tanninhaltigen Wein und wird gerne auch mit Nebbiolo gepaart, um Weinen wie dem Fara aus Piemont oder dem lombardischen Oltrèpo Pavese DOC mehr Grazie zu verleihen. Es ist schwer zu sagen, wie sich der Anteil an Vespolina in der Rotwein-Cuvée auf die Grappa auswirkt, weil es kaum sortenreine Vespolina-Grappe gibt. Destillateure wie Winzer schwören aber darauf, dass gerade Vespolina der Grappa den pikanten ›Biss‹ verleiht.

VICO, GIACOMO

Via Torino, 80
12043 Canale (CN)
Tel. 0173/979126

Für seine Weine aus traditionellen Rebsorten des Piemont bekanntes Weingut, in dem die sortenreine Grappa di Bracchetto entdeckenswert ist.

VIEUX MOULIN, DISTILLERIA

Frazione Motta
14055 Costigliole d'Asti (AT)
Tel. 0141/969285

Trotz des französischen Namens keine Destillerie des Aostatales, sondern pures Piemont: Mitglied beim Piemontesischen Erzeugerverband Templum Vini und dort für gelungene Grappa di Monovitigno bekannt. Mit mehreren Grappe in der Piemonteser Enoteca als Muster für regionale Grappakultur vertreten.

VILLA BUCCI

Azienda Agricola
Fratelli Bucci
Localita Pongelli
Via Cona, 30
60010 Ostra Vetere (AN)
Tel. 071/964179

Der Verdicchio dei Castelli di Jesi ist der Vorzeigewein dieses Familienweingutes, das die Weinbaugeschichte der Marken schon seit über 300 Jahren prägt. Seine Trester vertraut Amphelio Bucci einem Meister seines Faches an, dem Grappa-Guru Paolo >Marolo, der daraus ein bezauberndes Destillat mit komplexem, aber fein abgestuftem Fruchtaroma brennt.

VILLA DE VARDA, DESTILLERIE

Via Rotaliana, 27/A
38017 Mezzolombardo (TN)
Tel. 0461/601486

Schon seit 500 Jahren wird bei Villa de Varda Grappa gebrannt, der sich kaiserlicher Gunst in Wien erfreute und den Vardas den Adelsstand bescherte. Vor 100 Jahren begann man mit der Destillation rebsortenreiner Grappe, heute ist Villa de Varda Schrittmacher bei der Erzeugung regionaltypischer Grappe und Obstbrände, daneben ist das Haus für seine wunderschönen Designflaschen berühmt.

VILLA EGIZIA

Via Galzignana, 40
35041 Battaglia Terme
Euganee (PD)
Tel. 049/525149

Weingut im Naturpark Colli Euganei, das neben Wein auch rebsortenreine Grappe erzeugt, die nach traditioneller Weise doppelt destilliert werden.

VILLA GIRARDI

Via Villa Girardi
37029 San Pietro
in Cariano (VR)
Tel. 045/6801977

In der Nähe von Verona gelegenes Weingut mit 30 ha Weinbergsbesitz in den DOC-Regionen von Bardolino, Soave und Valpolicella. Neben modernen Weinen konzentriert man sich auch auf den traditionellen Amarone. Aus den Trestern des Lagen-Amarone von Opere di San Pietro wird eine vollfruchtige, intensive Grappa gebrannt und im kleinen Eichenfass gereift.

VILLA ILE

Strada Rizzi, 18
12050 Treiso (CN)
Tel. 0173/362333

Pittoreskes Weingut in einem historischen Dörfchen inmitten der Langhe des Piemont.
Mit einer Grappa di Barbaresco in der Enoteca Regionale del Piemonte vertreten. Agriturismo.

^ Die ganze Welt dreht sich bei > Villa de Varda um Grappa.

VILLA LA SELVA

LOCALITÀ MONTEBENICHI
52021 BUCINE (AR)
TEL. 055/998203

Die Provinz Arrezzo ist eines der aufstrebenden Gebiete der Toskana. Kein Wunder, denn der Boden ist gut, wie das dem Designer Sergio Carpini gehörende Weingut seit langem beweist.

Wein und die gelungene Grappa die Selvamaggio aus Cabernet-Sauvignon-Trestern werden zudem in liebevoll gestalteten Flaschen angeboten, eine Möglichkeit zur Umsetzung seiner Kreativität, die sich der Hausherr ebenso wenig wie bei der Einrichtung der eleganten Ferienwohnungen des Gutes entgehen ließ.

∧ Kampanien: die Weinberge von Villa Matilde.

VILLA MATILDE

Ss Domitiana, 18
81030 Cellole (CE)
Tel. 0823.932088

Für die Geschwister Salvatore und Maria Ida Avallone ist Weinbau mehr als das Keltern erlesener Weine und das Erringen immer noch höherer Auszeichnungen. Ihnen geht es vor allem um die Jahrtausende alte Kultur ihrer Region Kamapanien, in der schon zu römischer Zeit mit dem Falerner der erste Superwein der Geschichte entstand. Konsequent edel auch die Grappe von Villa Matilde, die in originelle, an klassische Amphoren erinnernde Flaschen aus hauchzartem Glas gefüllt werden.

VILLA PAGLIARESE

Via Pagliarese, 8
53019 Castelnuovo Berardenga (SI)
Tel. 0577/359070

In landschaftlich besonders schöner, stiller Lage in den Colli Senesi des Chianti-Gebiets liegt dieses Bio-Wein- und Ölgut, in dem auch Grappa erzeugt wird. Ferienappartements.

VILLA SANDI

Località Nogare
Via Enrizzo, 112
31035 Crocetta di Montello (TV)
Tel. 0423/665033

In einer von Palladio erbauten Villa befindet sich das Weingut von Giancarlo Meretti Polegato, in dem dank der Zusammenarbeit mit der Versuchsanstalt in Conegliano beispielhafte Prosecco-Weine und Spumante erzeugt werden. Die Grappa di Prosecco stammt aus der Nobellage Cartizze und ist gleichfalls überzeugend.

VILLA VIGNAMAGGIO

Via di Petriolo, 5
50022 Greve in Chianti (FI)
Tel. 055/854079

Renaissance-Weingut mit bedeutender Geschichte: Hier wurde Leonardos Mona Lisa geboren. Heute wird Wein, Olivenöl und feine Grappa erzeugt. Besuchern zeigt man gerne auch die historischen, restaurierten und gepflegten Gärten.

VILLANOVA
DISTILLERIA VAL DI ROSA
DI TENUTA VILLANOVA
VIA CONTESSA BERETTA, 7
34070 FARRA D'ISONZO (GO)
TEL. 0481/888013
Handwerklich betriebene Destillerie, die zum Weingut Villanova in den Collio-Hügeln Friauls gehört. Speziell für die Destillation werden Trauben mit kraftvoller Säure angebaut, die ganz, als Saft oder als Trester vergoren werden. Destilliert wird diskontinuierlich, sowohl mit Dampf als auch im Wasserbad, nachgeschaltet sind Refrakturierungskolonnen, um reinere, klarere Destillate zu erzeugen.

VINACCIA
Die italienische Bezeichnung für Trester findet sich als ›Aquavite di Vinaccia‹ auf zahlreichen Grappa-Etiketten und weist dort oftmals auf den traditionellen Ansatz der Brenner hin, die der Destillation im diskontinuierlichen Verfahren den Vorzug geben.

VINITALY
Jedes Frühjahr stattfindende Weinmesse in Verona. Dort präsentiert die Crème de la Crème der italienischen Weinwelt ihre Weine – und seit einigen Jahren in immer stärkerem Ausmaß auch ihre Grappe. Die Gelegenheit, einen aktuellen Überblick über Trends und Qualitäten zu erhalten. Aber Achtung: die VinItaly strengt an! Trotz oder gerade wegen der dort offerierten Genüsse.

VIOGNIER
Ursprünglich aus Frankreich stammende Weißweinrebsorte, die auch in Italien langsam populär wird. Die Weine besitzen ein merkliches Aroma nach Aprikosen und Pfirsichen, das durch deutliche florale Noten unterstützt wird, ein Profil, das sich in gelungenen Fällen auch der (immer noch seltenen) Grappa mitteilt. >Ascheri.

VISCONTI
VIA C. BATTISTI, 139
25015 DESENZANO DEL GARDA (BS)
TEL. 030/9120681
Das am Südende des Gardasees gelegene Weingut lässt die Trester seines Lugana bei Peroni destillieren – das Ergebnis gefällt auch dank der drei Jahre Reife, die dem Destillat gegönnt wurden.

VISTARENNI
LOCALITÀ VISTARENNI
53013 GAIOLE IN CHIANTI (SI)
TEL. 0577/738476
Chianti-Weingut, in dem auch gute Grappa erzeugt wird.

VITICCIO
VIA SAN CRESCI, 12/A
50022 GREVE IN CHIANTI (FI)
TEL. 055/854210
Weingut im Chiantigebiet, dessen Weine auch hierzulande beliebt

sind. Die Grappa di Chianti Classico ist nur in kleinen Mengen verfügbar und wird aus den Chiantitrestern im kleinen, dampfbetriebenen Alambic destilliert.

?! VORLAUF

Der erste Teil des Brenndurchlaufes, in dem hochflüchtige Alkohole entstehen. Der Vorlauf wird wegen der merklichen Verunreinigungen abgeschieden und erneut zur Destillation gebracht.

W

?! WASSERBADKESSEL

> Bagnomaria.

ZANETTA

CORSO ITALIA, 64/C
28070 SIZZANO (NO)
TEL. 0321/8206212

Piemonteser Weingut der Brüder Valter und Sergio Zanetta, deren feingliedrige Grappa di Nebbiolo di Gattinara für die Enoteca Regionale di Gattinara e delle Terre del Nebbiolo Nord Piemonte ausgewählt wurde und dort verkostet und gekauft werden kann.

ZARDETTO

ZARDETTO SPUMANTI
FRAZIONE OGLIANO
VIA MARCORÀ, 15
31020 SCOMICO DI CONEGLIANO (TV)
TEL. 0438/208909

Renommiertes Wein- und Sektgut, das sich um die Anerkennung des Prosecco Spumante mit Erfolg bemüht hat. Heute weiß man, dass es nicht nur billigen Prosecco Frizzante gibt – und dass die spritzige Weißwein-Rebsorte Prosecco auch zur Grappadestillation taugt. Die hier erzeugten Lagen-Grappe sind erstklassig.

ZECCA, CONTI

VIA CESAREA
73045 LEVERANO (LE)
TEL. 0832/925613

Im Herzen der apulischen Weinbauregion Salento gelegenes Weingut, das sich seit dem 16. Jahrhundert im Besitz der Grafen Zecca befindet. Der heutige Chef, Conte Alcibiade Zecca, konnte das wachsende Interesse an den Weinen seiner Region nutzen und die gefragten Rotweine liefern, bei denen Frucht, Würze und Körperreichtum eine komplexe Verbindung eingingen. Gleichfalls entdeckenswert sind die Grappe des Hauses.

ZENATO

FRAZIONE S. BENEDETTO DI LUGANA
VIA SAN BENEDETTO, 8
37010 PESCHIERA DEL GARDA (VR)
TEL. 0457/550300

Eines der besten Lugana-Weingüter am südlichen Gardasee. Aus den Trestern brennt Bruno Fanchescini im diskontinuierlichen Kupfer-Alambic eine kristallklare und sanfte Grappa mit enormem Aroma.

ZENI

VIA STRETTA, 2
38010 GRUMO DI SAN MICHELE ALL'ADIGE (TN)
TEL. 0461/650456

Die Brüder Andrea und Roberto Zeni gehören seit vielen Jahrzehnten zu den innovativen Winzern des Trentino und verleihen ihren Weinen ein tiefgründiges, international Anklang findendes Profil. Daneben wird im diskontinuierlich betriebenen Wasserbad-Alambic herrliche Grappa di Monovitigno destilliert, die in Ruhe reifen darf: unbedingt empfehlenswert!

∨ Graf Zecca.

ZITO

Via Scalaretto
88072 Cirò Marina (KR)
Tel. 0962/31853

Kalabrisches Weingut, wo man sich auf die Erzeugung von Cirò, dem regionalen Rot-, Weiß- und Roséwein, spezialisiert hat. Aus den Trestern der Rebsorte Gaglioppo wird diskontinuierlich mit Dampf auch eine rare Grappa Cirò destilliert.

ZOLLVERSCHLUSS

Grappa muss laut gesetzlicher Vorschrift eine Mindestlagerzeit von 6 Monaten hinter sich bringen, bevor der Brand abgefüllt und verkauft werden darf. Da Vertrauen gut, Kontrolle aber besser ist, wird Grappa in der Regel in einer verplombten Destillationsanlage erzeugt. Der Tresterbrand wird mengenmäßig von der Finanzbehörde zwecks Versteuerung erfasst und dann in ein unter Zollverschluss stehendes Lager gebracht oder in einen Tank gefüllt, der verplombt wird. Theoretisch bedeutet das, dass nur der zuständige Finanzbeamte den Schlüssel hat und nach 6 Monaten auf Antrag den Brand freigibt. In der Praxis wird das – zumindest bei vertrauenswürdigen Brennern – schon einmal lockerer gehandhabt. Vorsicht allerdings vor ›Onkel Peppo's Grappa‹ aus irgendeiner obskuren Hobbydestille. Diese Brände sind meistens nicht versteuert, deshalb wird auch die Lagerung nicht kontrolliert, weil sie offiziell gar nicht existieren. Der Brand kann gut sein, muss aber nicht, denn er wird natürlich auch nicht auf Verkehrsfähigkeit überprüft, wie dies vor der offiziellen Freigabe geschieht.

ZUCKERZUSATZ

Erlaubt sind bei Grappa bis zu 20 Gramm pro Liter. Diese Mengen werden kaum je ausgeschöpft, würden bei Wein aber bereits die Bezeichnung »halbtrocken« nötig machen. Bei Grappa sorgt der Zucker ebenso wie die nicht süße Zuckercouleur für ein gefälligeres Profil. Mit Zucker lassen sich Aromafehler kaschieren, Ecken und Kanten glätten und der Geschmackseindruck weicher gestalten, während Zuckercouleur der Farbe bei fassgereiften Grappe nachhilft.

ZWEIFACHE DESTILLATION

Standardverfahren der Grappa-Erzeugung; die zweite Destillation findet meist in einer Verstärkerkolonne statt. >Diskontinuierliche Destillation.

AG
Agrigento
Sizilien

AL
Alessandria
Piemont

AN
Ancona
Marken

AO
Aosta/Aôste
Aostatal

AP
Ascoli Piceno
Marken

AQ
L'Aquila
Abruzzen

AR
Arezzo
Toskana

AT
Asti
Piemont

AV
Avellino
Kampanien

BA
Bari
Apulien

BG
Bergamo
Lombardei

BI
Biella
Piemont

BL
Belluno
Venetien

BN
Benevento
Kampanien

BO
Bologna
Emilia Romagna

BR
Brindisi
Apulien

BS
Brescia
Lombardei

BZ
Bolzano/Bozen
Trentino-Alto/Südtirol

CA
Cagliari
Sardinien

^ Im Barrique reift Grappa zu ihrer endgültigen Form.

CB
Campobasso
Molise

CE
Caserta
Kampanien

CH
Chieti
Abruzzen

CL
Caltanissetta
Sizilien

CN
Cuneo
Piemont

CO
Como
Lombardei

CR
Cremona
Lombardei

CS
Cosenza
Kalabrien

CT
Catania
Sizilien

CZ
Catanzaro
Kalabrien

DU
Udine
Friaul-Julisch-Venetien

EN
Enna
Sizilien

FE
Ferrara
Emilia Romagna

FG
Foggia
Apulien

FI
Firenze
Toskana

FO/FC
Forlì-Cesena
Emilia Romagna

FR
Frosinone
Latium

GE
Genova
Lugurien

GO
Gorizia
Friaul-Julisch-Venetien

GR
Grosseto
Toskana

IM
Imperia
Ligurien

IS
Isernia
Molise

KR
Crotone
Kalabrien

LC
Lecco
Lombardei

LE
Lecce
Apulien

LI
Livorno
Toskana

LO
Lodi
Lombardei

LT
Latina
Latium

LU
Lucca
Toskana

MC
Macerata
Marken

ME
Messina
Sizilien

MI
Milano
Lombardei

MN
Mantova
Lombardei

MO
Modena
Emilia Romagna

MS
Massa-Carrara
Toskana

MT
Matera
Basilikata

NA
Napoli
Kampanien

NO
Novara
Piemont

NU
Nùoro
Sardinien

OR
Oristano
Sardinien

PA
Palermo
Sizilien

PC
Piacenza
Emilia Romagna

PD
Padova
Venetien

PE
Pescara
Abruzzen

PG
Perugia
Umbrien

PI
Pisa
Toskana

PN
Pordenone
Friaul-Julisch-Venetien

PO
Prato
Toskana

PR
Parma
Emilia Romagna

PS/PU
Pesaro e Urbino
Marken

PT
Pistoia
Toskana

PV
Pavia
Lombardei

PZ
Potenza
Basilikata

RA
Ravenna
Emilia Romagna

RC
Reggio di Kalabrien
Kalabrien

RE
Reggio nell´Emilia
Emilia Romagna

RI
Rieti
Latium

RM oder **ROMA**
Roma
Latium

RN
Rimini
Emilia Romagna

RO
Rovigo
Venetien

RS
Ragusa
Sizilien

SA
Salerni
Kampanien

SI
Siena
Toskana

SO
Sondrio
Lombardei

SP
La Spezia
Ligurien

SR
Siracusa
Sizilien

SS
Sassari
Sardinien

SV
Savona
Ligurien

TA
Taranto
Apulien

TE
Teramo
Abruzzen

TN
Trento
Trentino-Alto/Südtirol

TO
Torino
Piemont

TP
Trapani
Sizilien

TR
Terni
Umbrien

TS
Trieste
Friaul-Julisch-Venetien

TV
Treviso
Venetien

VA
Varese
Lombardei

VB
Verbano-Cusio-Ossola
Piemont

VC
Vercelli
Piemont

VE
Venezia
Venetien

VI
Vicenza
Venetien

VR
Verona
Venetien

VT
Viterbo
Latium

VV
Vibo Valentia
Kalabrien

LITERATURVERZEICHNIS

Behrendt, Axel und Bibiana • **Das Buch vom Grappa** • München 1999
Behrendt Bibiana • **Grappa** • München 2003
Bosch, Paula • **Weingenuss** • München 2001
Dippel, Horst • **Das Wein-Lexikon** • Frankfurt a. Main 1989
Enoteca Italiana • **Lexikon der italienischen Weine** • München 2002
Gambero Rosso • **Vini d'Italia 2003** • München 2002
Jefford, Andrew • **Wege zum Wein** • Bern 2000
Johnson, Hugh • **Hugh Johnsons Weingeschichte** • Bern und Stuttgart 1990
Johnson, Hugh • **Der große Johnson** • Bern, 1983 ff.
Lichine, Alexis • **Die große Wein-Enzyklopädie** • München 1981
März, Andreas u. Anderson, Burton • **Italiens Weine 2002/03** • München 2002
Meier, Chris • **Piemont – Kulinarische Reiseskizzen** • Weil der Stadt 1996
Odello, Luigi, et al • **Grappa – Analisi Sensoriale e Technologia** • Brescia 1997
Pieper, Hans-Joachim, Kolb, Ernst-Erich u. Bruchmann, Erich • **Handbuch der Obstbrennerei** • Stuttgart 1993
Pischl, Josef • **Schnapsbrennen** • Graz 1994
Robinson, Jancis • **Das Oxford Weinlexikon** • Bern 1995
Rosso M./Meier, C • **Mythos Barolo** • Weil der Stadt 2000
Spirituosenjahrbuch 2000 • Berlin 2000
Tanner, Hans u. Brunner, Hans Rudolf • **Obstbrennerei heute** • Schwäb. Hall 1995
Veronelli • **Weine aus Italien** • München 2001
Woschek, Heinz-Gert • **Die großen Weine der Welt** • München 1988

ÜBER DIE AUTORIN

BIBIANA BEHRENDT und Grappa: das ist die Geschichte einer langen Liebesbeziehung, die sich durch Italienreisen und Degustationen hierzulande immer wieder erneuert. Eine leidenschaftliche Faszination, die sie gerne mit ihren Lesern teilt. Die italophile Fachjournalistin gehört zu den meistpublizierten deutschen Autoren, wenn es um das Thema Wein, Spirits und Cocktails geht, und erhielt für ihre Bücher mehrere nationale und internationale Auszeichnungen, u.a. zwei Goldmedaillen der *Gastronomischen Akademie Deutschlands*, den *World Cookbook Award* und die *Autoren-Trophy der Internationalen Fachmesse DESTILLATA*.
Sie lebt, lacht und genießt mit ihrer Familie im Land an der Romantischen Straße in Bayern.

BEZUGSQUELLEN IN DEUTSCHLAND

Die folgenden Adressen sind eine Auswahl, die keinen Anspruch auf Vollständigkeit erhebt. Eine aktuelle Liste können Sie beim Leserservice anfordern:
Walter Hädecke Verlag, Leserservice, Postfach 1203, D-71256 Weil der Stadt,
Mail: info@haedecke-verlag.de, Internet: www.haedecke-verlag.de,
Fax +49 (0)7033/1380813.

PLZ 1

Divinum Weinkontor • Jan Kiegeland • Torstraße 101 • 10119 Berlin
Telefon 030/44341870 • Fax 030/44341871 • info@divinum.de
La Cantina • Kurfürstenstraße 56 • 10785 Berlin • Telefon 030/7858793 • Fax 030/7865259
gourmet@LaCantina-Berlin.de • www.LaCantina-Berlin.de

PLZ 2

Lunaris Wein & Kunst • Dr. Birgit Puck & Thorsten Garbers GbR • Bismarckstraße 112
20253 Hamburg • Telefon 040/43251133 • Fax 040/4306149 • info@lunaris.de
Andersson & Kemnitz Weinimport GmbH • Holstenkamp 42 • 22525 Hamburg
Telefon 040/8512696 • Fax 040/8500873 • info@auk-weine.de • www.auk-weine.de
WeinKontor Koch OHG • Eckernförder Str. 347-349 • 24107 Kiel
Telefon 0431/9798123 • Fax 0431/9798133 • service@weinkontorkoch.de
www.weinkontorkoch.de
HAWESKO GmbH & Co.KG • Hamburger Straße 14-20 • 25436 Tornesch
Telefon 04122/504433 • Fax 04122/504477 • info@hawesko.de • www.hawesko.de
Hennig & Sohn, Wein und mehr... • Bahnhofstr. 19 • 25451 Quickborn
Telefon 04106/612027 • Fax 04106/658828 • Mobil 0172/6833911 • www.webweinshop.de
Weinges. Ruyter & Ast • Hahnewinkelsgang • 28195 Bremen • Telefon 0421/3053251
Fax 0421/3053295 • service@ruyter-und-ast.de • www.club-of-wine.de
Ludwig von Kapff GmbH • Auf der Muggenburg 7 • 28217 Bremen • Telefon 0421/3994319
Fax 0421/3994301 • bunje@lvkweine.de • www.kapff.de
Reidemeister & Ulrichs • Auf der Muggenburg 7 • 28217 Bremen • Telefon 0421/3994177
Fax 0421/39944177 • info@ruuweine.de • www.rundu.de

PLZ 3

Freunds Akzente • Nienkamp 17 • 33829 Burgholzhausen • Telefon 05425/954652/51
Fax 05425/954646 • kontakt@freunds-akzente.de
Grappa-Haus • Ital. Weine und Spirituosen GbR • Eugen-Richter-Straße 11 • 34134 Kassel
Telefon 0561/34080 • Fax 0561/34082 • grappahaus@aol.com
Weinimport, Harald L. Bremer • Efeuweg 3 • 38104 Braunschweig • Telefon 08000/237360
Fax 0531/2373636 • bremerwein@t-online.de • www.bremerwein.de
Der Saltner • Am Hasselteich 30 • 38104 Braunschweig • Telefon 0531/377213
Fax 0531/2371655 • info@saltner-wein.de • www.saltner-wein.de

PLZ 4

Enoteca Marion Oberbossel • Achenbachstr. 157/Ecke Rethelstraße • 40237 Düsseldorf-Zoo
Telefon 0211/6911191 • Fax 0211/6911296 • enoteca@enoteca-wein.de • www.enoteca-wein.de

ALVA P.S., vino italiano • In Venheyde 26 • 41844 Wegberg • Telefon 02432/934881
Fax 02432/934887 • wein@alva-p-s.de • www.alva-p-s.de
Wein & Mehr • Friedrichstraße 93 • 42551 Velbert • Telefon 02051/21484 • Fax 02051/319899
Rolf Kaspar GmbH • Ruhrallee 59 • 45138 Essen • Telefon 0201/273418
Fax 0201/285275 • info@kaspar-spirituosen.de • www.kaspar-spirituosen.de
Stute Wein & Sekt • Bismarckstraße 170 • 47057 Duisburg • Telefon 0203/3632425
Fax 0203/3632426 • info@stute-weinundsekt.de • www.stute-weinundsekt.de

PLZ 5

Smart-Wines GmbH • Im Klapperhof 33 • 50670 Köln • Telefon 0221/120447
Fax 0221/123090 • info@smart-wines.de • www.smart-wines.de
Vito Raone, Weingroßhandlung • Silcherstr. 2 • 50827 Köln
Telefon 0221/582055 • Fax 0221/582057
Dellbrücker Weinhaus • Dellbrücker Hauptstr. 143 • 51069 Köln • Telefon + Fax 0221/684466
info@dellbruecker-weinhaus.de • www.dellbruecker-weinhaus.de
Aix Vinum • Kleinmarschierstr. 39 • 52062 Aachen • Telefon 0241/66030
Fax 0241/6052021 • info@aixvinum.de • www.aixvinum.de
vino e olio • Carolus-Magnus-Straße 19 • 52531 Übach-Palenberg
Telefon 02451/911480 • vinoeolio@t-online.de • www.vinoeolio.de
Brogsitter, Weingüter, Privat-Sektkellerei, Exklusiv-Importe GmbH • Max-Planck-Str. 1
53501 Grafschaft • Telefon 02225/918111 • Fax 02225/918112 • verkauf@brogsitter.de
www.Brogsitter.de
Der Wein-Klein • An der Allee 142 • 55122 Mainz • Mobil 0177/7466122
weinklein@aol.com • www.weinklein.de
Enoteca 141 • Langendorfer Str. 141 • 56564 Neuwied • Telefon 02631/953481
Fax 02631/953482 • enoteca141@web.de
Il Nuraghe Vinothek Nick • Poststrasse 4 • 56759 Kaisersesch • Telefon 02653/910413
Fax 02653-910414 • BNick@Vinothek-Nick.de • www.Vinothek-Nick.de
Weinzirkel – Vinothek Löbbe, Der Weg zum guten Wein… • Mühlenstraße 45a
58285 Gevelsberg • Telefon 02332/13592 • Fax 02332/14816 • info@wein-loebbe.de
www.wein-loebbe.de
Maringer Weinfachhandel GmbH • Iserlohner Str. 32 • 59423 Unna •
Telefon 02303/86966 • Fax 02303/80590 • info@maringer-weine.de
www.maringer-weine.de

PLZ 6

Maison Lanz Weinhandelsges.m.b.H. • Darmstädter Landstraße 92 • 60598 Frankfurt/Main
Telefon + Fax 069/620685 • Maison.Lanz@t-online.de • www.maison-lanz.de
Vinoc GmbH • Nordring 84 • 63067 Offenbach • Telefon 069/8008650
Fax 069/80086533 • www.vinoc.de
Weinimport E. Cresceri • In den Obergärten 5 • 63329 Egelsbach • Telefon 06103/42745
Fax 06103/42430 • information@weinimport-cresceri.de • www.weinimport-cresceri.de
MACHA, Weine & Feines • Rahmengasse 12 • 69120 Heidelberg • Telefon 06221/412883
Fax 06221/402526 • order@macha-weine.de • www.macha-weine.de

PLZ 7

Fischer + Trezza Import GmbH • Ulmer Str. 150 • 70188 Stuttgart • Telefon 0711/4606700
Fax 0711/4606900 • info@fischer-trezza.de • www.fischer-trezza.de

Strien Weinimport • Nellinger Strasse 2 • 70619 Stuttgart • Telefon 0711/4410320
Fax 0711/44103222 • info@strien.com • www.strien.com

Cavatappi • Postplatz 7 • 71032 Böblingen • Telefon 07031/237575
Fax 07031/226452 • info@cavatappi.de • www.cavatappi.de

DOC. • Kellereigasse 6 • 71263 Weil der Stadt • Telefon 07033/529743
Fax 07033/529744 • d.o.c@t-online.de • www.doc-weine.de

Wein [pur] GmbH • Aeulestraße 6 • 72074 Tübingen • Telefon 07071/82011
Fax 07071/82013 • hartl@weinpur.de • www.weinpur.de

OESS Getränke-Center GmbH • Steige 51 • 74821 Mosbach-Diedesheim • Telefon 06261/7122
Fax 06261/936829 • fimra@oess.de • www.oess.de + www.wein2u.de

Cantina Rabajà • Kreuzlingerstr. 7 • 78462 Konstanz • Telefon 07531/917884
Fax 07531/917885 • CantinaRabaja@t-online.de • www.cantina-rabaja.de

Markgräfler-Weinservice • Eggenerstr.8 • 79418 Schliengen-Liel • Telefon 07635/826891
Fax 07635/826892 • info@markgraefler-weinservice.de • www.markgraefler-weinservice.de

PLZ 8

Alois Dallmayr KG • Dienerstraße 14-15 • 80331 München • Telefon 01805/006522
Fax 01805/006523 • bestellservice@dallmayr.de • www.dallmayr-weine.de

Weinhaus Oberhuber • Ehrengutstraße 20 • 80469 München • Telefon 089/725 87 06
Fax 089/7 25 73 92 • info@oberhuber-weine.com • www.oberhuber-weine.com

Eberhard Spangenbergs Garibaldi • Frohschammerstraße 14 • 80807 München
Telefon 089/3563610 • Fax 089/3592929 • info@garibaldi-wein.de • www.garibaldi-wein.de

Weinhandel Esser OHG • Kleinstraße 44 • 81379 München • Telefon 089/89306005
Fax 089/89306006 • kh-esser@weinhandel-esser.de • www.weinhandel-esser.de
(kein Ladengeschäft, nur Versand)

World of Wine (WOW) • Import-Weinfachhandel • Hans-Mielich-Platz 1 • 81543 München
Telefon 089/652424 • Fax 089/656277 • info@world-of-wine.de • www.world-of-wine.de

Feinkost Käfer • Prinzregentenstraße 73 • 81675 München • Telefon 089/4168260
Fax 089/4168379 • feinkostladen@feinkost-kaefer.de • www.feinkost-kaefer.de

Italienische Vinothek H. Munzert • Damaschkestraße 11 • 81825 München • Telefon
089/421827 • Fax 089/426486 • vinothek_munzert@t-online.de • www.vinothek-munzert.de

Zur Weinhöhle • Frankenstr. 2 • 82256 Fürstenfeldbruck • Telefon 08141/24999
Fax 08141/24990 • www.weinhoehle.de

Ars Vivendi Weine • Taschenturmstr. 10 • 85049 Ingolstadt • Telefon 0841/910963
Fax 08456/2603 • w.b.habermaier@t-online.de

Deuna GmbH • Curt-Frenzel-Straße10 A • 86167 Augsburg
Telefon 0821/747700 • Fax 0821/7477025 • info@deuna.de

Alpina-Burkard Bovensiepen GmbH + Co • Alpenstraße 35-37 • 86807 Buchloe
Telefon 08241/5005147 • Fax 08241/5005144 • wein@alpina.de • www.alpinawein.de

Buchenberger Weinhandlung • Warthausen 36 • 87474 Buchenberg • Telefon 08378/7947
Fax 08378/92 35 14 • info@viniteca.de • www.viniteca.de

il classico • Italienische Weine – Weinimport • Augsburger Str. 41 • 87600 Kaufbeuren
Telefon 08341/14660 • Fax 08341/73889 • georgboeck@aol.com • www.ilclassico.de

Das Weinhaus • Gut-Betha-Platz 4 • 88339 Bad Waldsee • Telefon + Fax 07524/915459
Das_Weinhaus@t-online.de • www.weinhaus-waldsee.de
Philipp Weber, Weinhandlung • Franziskanerstr. 13 • 88662 Überlingen • Telefon 07551/64952
Weinkellerei Anton Vollmann • Rosenstraße 2 • 89257 Illertissen • Telefon 07303/3438
Fax 07303/7398 • anton.vollmann@t-online.de • www.wein.web.de

PLZ 9

Il Nuraghe GmbH • Happurger Str. 88 • 90482 Nürnberg • Telefon 0911/501091
Fax 0911/504560 • info@ilnuraghe.com • www. ilnuraghe.com
vinello – Schöne Weine • Obere Bachgasse 20 • 93047 Regensburg
Telefon 0941/2805260 • Fax 0941/2805261 • vinello@schoneweine.de • www.vinello.de
Vinothek Peutler & Aumüller • Gertrud-Bäumer-Weg 3 • 93055 Regensburg
Telefon + Fax 0941/760035 • info@vinothekpeutler.de • www.vinothekpeutler.de
Enoteca italiana • Andreasstr. 10 • 93059 Regensburg • Telefon 0941/86507 • Fax 0941/897520
enoteca-regensburg@web.de • www.enoteca-italiana.de • www.dessertweine.de
Vom Fass Deggendorf • Michael-Fischer-Platz 18 • 94469 Deggendorf
Telefon + Fax 0991/382003 • holzer-fleischmann@gmx.de • www.vomfass.de
Vinoteca Manuela Ellner • Krumme Fohre 32 • 95359 Kasendorf • Telefon 09228/5232
Fax 09228/7261 • info@vinoteca-ellner.de • www.vinoteca-ellner.de
Weine-aus-Italien.net • Heiliggrabstraße 53 • 96052 Bamberg • Telefon 0951/6030658
Fax 01212/513720159 • wein@kellermann.it • www.weine-aus-italien.net

BEZUGSQUELLEN IN ÖSTERREICH NACH PLZ-BEREICHEN

Julius Meinl am Graben GmbH • Graben 19 • 1010 Wien • Telefon 01/5323334
Fax 01/532333420 • office@julius.meinl.com • www.meinlamgraben.at
Wein & Co, Filiale • Hermann Gebauer Str. 8 • 1220 Wien • Telefon 01/7344200
Fax 01/7344225 • order@weinco.at • www.weinco.at
Weinhandlung Noitz im Kloster Und • Undstraße 6 • 3504 Krems-Stein
Telefon 02732/70704 • wein.handlung@aon.at • www.wein-handlung.at
Getränkehandelshaus GesmbH • Bäckermühlweg 44 • 4021 Linz
Telefon 0732/37380 • Fax 0732/3738208 • office@ghg.at • www.ghg.at
Zettl GmbH • 4064 Oftering 6 • Telefon 07221/639810
Fax 07221/64131 und 639816 • office@zettlgmbh.at • www.zettlgmbh.at
Hermann Döllerer, Vinothek & Co. GesmbH • Döllerer Betriebe • 5440 Golling
Telefon 06244/42200 • hermann@doellerer.at
Weinkellerei Meraner GesmbH • Rennweg 16 • 6020 Innsbruck
Telefon 0512/585850 • Fax 0512/5861245 • office@meraner.at • www.meraner.at
Vinorama Weinversandgesellschaft m.b.H. • Wörgler Boden 13-15 • 6300 Wörgl
Telefon 05332/785578 • Fax 05332/785588 • vino@vinorama.at • www.vinorama.at
Windisch GmbH, Haus feiner Weine • Reichsstraße 123 a • 6800 Feldkirch
Telefon 05522/72309 • Fax 05522/83195 • office@weltwein.at • www.weltwein.at
Vinothek »Der Weinhändler« • Villa beim Gewerbepark • 6830 Rankweil
Telefon 05522/60090 • Fax 05522/60091 • office@derweinhaendler.com
www.derweinhaendler.com
Wein aus Italien • Vinothek • Rautenastr. 59/61 • 6832 Röthis • Telefon 0664/3404035
info@stoegerwein.at • www.stoegerwein.at

Bruvino • FeinschmeckerInnen-Vinothek in Dornbirn • Bahnhofstr. 12 • 6850 Dornbirn
Telefon 05572/21269 • Fax 05572/28704 • office@bruvino.at • www.bruvino.at
Buongustaio • Marktplatz 14 • 6850 Dornbirn • Telefon 05572/54555
buongustaio@buongustaio.at

BEZUGSQUELLEN IN DER SCHWEIZ NACH PLZ-BEREICHEN

De Fusco Vini e Grapperia • Monbijoustr. 71 • 3007 Bern • Telefon 031/3714562
Fax 031/3719715 • info@defusco.ch • www.defusco.ch
Weibel Weine AG • Gewerbezone Gwattmoos • Moosweg 40 • 3602 Thun-Gwatt
Telefon 033/3345555 • Fax 033/3345556 • weibel@weibelweine.ch • www.weibelweine.ch
Weinkeller Riegger AG • Langgass • 5244 Birrhard • Telefon 056/2014141
Fax 056/2014149 • info@riegger.ch • www.riegger.ch
Schubi Weine • Bernstrasse 110 • 6003 Luzern • info@schubiweine.ch • www.schubiweine.ch
Remo Persi AG • Weine und Getränke • Attinghauserstrasse 142 • 6460 Altdorf
Telefon 041/8710606 • Fax 041/8710608 • info@remopersi.ch • www.remopersi.ch
Stoppervini Enomarketing • Via Losanna 1 a • 6900 Lugano • Telefon 091/9116970
Fax 091/9116979 • info@stoppervini.com
Vini Vergani + Co. AG • Zentralstr. 141 • 8003 Zürich • Telefon 01/4152500
Fax 01/4512502 • r.vergani@vergani.ch • www.vergani.ch
Tessiner Weine Vertrieb Zürich AG • Gubelstrasse 62 • 8050 Zürich
Telefon 01/3116768 • Fax 01/3116769 • info@tessinerweine.ch • www.tessinerweine.ch
Caratello Weine • Zürcher Strasse 204 e • 9014 St. Gallen • Telefon 071/2448855
Fax 071/2446380 • info@caratello.ch • www.caratello.ch

NOTIZEN

NOTIZEN

GENUSS UND INFORMATION FÜR KENNER UND EINSTEIGER

Grappa – Kultur & Lebensart

von Ansgar Pudenz, Pecher & Böckmann

Ergänzend zum vorliegenden Lexikon bringt dieser schön gestaltete Geschenkband jeden Italien- und/oder Spirituosenliebhaber auf den Geschmack. Alles Wissenswerte über Grappa, von der Herstellung bis zum Genuss, dazu köstliche Rezepte mit Grappa.

96 Seiten, durchgängig farbig, in Leinen gebunden,
ISBN 3-7750-0317-7.

Portwein – Kultur & Genuss

von Hanjo Seißler mit Fotos von Carsten Eichner

Wissenswertes und Genussvolles zur Geschichte und Herstellung mit einer Warenkunde und mit Rezepten.

96 Seiten, durchgängig farbig, in Leinen gebunden,
ISBN 3-7750-0339-8

Rum, Drinks & Havanas – Cuba Classics

von Ernst Lechthaler mit Fotos von Amiel Pretsch

Kubanische Lebenslust, Longdrinks und short stories, die von berühmten Bars und der unnachahmlichen Lebenskunst der Kubaner erzählen; kleine Warenkunde zu Rum und Zigarren und köstliche Rezepte.

96 Seiten, durchgängig farbig, in Leinen gebunden,
ISBN 3-7750-0304-5

Single Malt Notebook

von Walter Schobert

eine unschätzbare Hilfe für alle Whisky- und insbesondere Malt-Liebhaber mit »Facts« über die Destillerien und »Notes« von Whisky-Experten zum Geschmack und zur Bewertung neuer und bewährter Malt-Whiskies.

272 Seiten, durchgängig farbig, ISBN 3-7750-0332-0

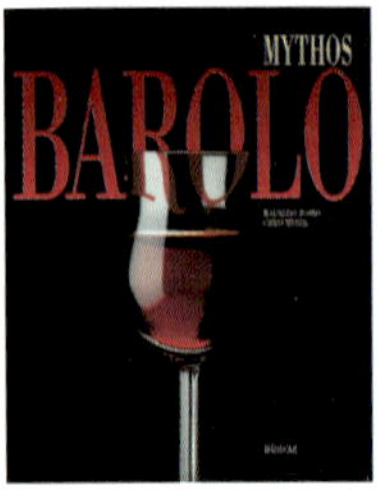

Mythos Barolo

von Maurizio Rosso und Chris Meier

Repräsentativer Bildband über den »König Barolo« und seine »Macher«. Eine einmalige und vollständige Dokumentation mit Porträts der Winzer-Persönlichkeiten in Wort und Bild, mit traumhaft schönen Landschaftsaufnahmen und Stilleben. Übersichtstafeln aller Barolo-Etiketten, historische Bilder und Daten, Chronologie, Gebietsübersicht, Glossar. Alles über die Herstellung von Barolo und die Kunst, ihn zu genießen. Ausgezeichnet mit der Goldmedaille der Gastronomischen Akademie und dem Internationalen Preis Périgueux des Salon du Livre Gourmand.

287 Seiten, durchgängig farbig, großes Bildbandformat
24 x 30 cm, ISBN 3-7750-0350-9

Weinmacher in Württemberg

von Bernd Kreis (Text) und Chris Meier (Fotos)

Eine Auswahl klassischer Topweingüter mit Porträts der besten und kreativsten Weinmacher in Wort und Bild. Eine aktuelle Dokumentation der traditionsreichen »Weinregion im Aufbruch« und der Generation junger dynamischer Winzer in Württemberg. Ästhetisch anspruchsvoll, inhaltlich kompetent – ein Buch über eine deutsche Weinregion, das neue Maßstäbe setzt.

Über 200 Seiten mit rund 300 Fotos,
großes Bildbandformat 24 x 30 cm, ISBN 3-7750-0430-0

Ausführliche Informationen im Buchhandel und bei

HÄDECKE VERLAG
Postfach 1203
D-71256 Weil der Stadt
Fax +49(0)7033/1380813
www.haedecke-verlag.de